¡DISFRUTANDO LOS LUNES! UNA GUÍA PARA INTEGRAR FE Y TRABAJO

John D. Beckett

¡DISFRUTANDO LOS LUNES! UNA GUÍA PARA INTEGRAR FE Y TRABAJO

EDITORIAL CLIE
C/ Ferrocarril, 8
08232 VILADECAVALLS
(Barcelona) ESPAÑA
E-mail: clie@clie.es
http://www.clie.es

Originalmente publicado por InterVarsity Press como *Mastering Monday* por John D. Beckett. Primera edición ©2006 por John Beckett. Traducido e impreso con permiso de InterVarsity Press, P.O. Box 1400, Downers Grove, IL 60515, USA.

¡Disfrutando los lunes! Una guía para integrar fe y trabajo
ISBN: 978-84-16845-60-6
Depósito Legal: B 4055-2017
Vida cristiana
Crecimiento profesional
Referencia: 224839

Impreso en España / Printed in Spain

Recomendaciones

Este libro de John Beckett es una memoria y un tutorial sobre un joven CEO que supo afrontar la adversidad, y lograr un éxito asombroso en los negocios y una maravillosa realización personal ordenando su vida y su trabajo alrededor de los personajes y principios de la Biblia. Si, como yo, deseas autenticidad, este es tu libro.

J. Stanley Oakes Jr.,
presidente de King's College,
Nueva York

En *¡Disfrutando los lunes!*, Beckett desarrolla el tema que presentó en su obra anterior, *¡Por fin lunes!* El secreto que nutre la conexión entre fe y trabajo está en comprender la pasión de Beckett por vivir íntimamente con Jesús en su vida personal, buscando sin cesar la sabiduría práctica que nos ofrece la Biblia. Este libro sirve de guía para todos los que practican los negocios del reino.

Tetsunao Yamamori,
director internacional del Comité de Lausana
para la Evangelización Mundial;
coeditor de En los negocios del Reino;
presidente emérito de Food for the Hungry International

Un libro fantástico escrito por uno de los principales líderes empresariales de los Estados Unidos. John hace un trabajo magistral comunicando al liderazgo las lecciones que nacen de la sabiduría y la fe que caracterizan a todo dirigente productivo y competente. Cada página está llena de reflexiones nuevas y frescas.

Gayle D. Beebe,
presidente de Spring Arbor University

¡*Disfrutando los lunes!* se dirige al ámbito empresarial y comercial, pero su llamamiento a una vida de integridad cristiana es igualmente aplicable a todas las profesiones. Hoy, cuando el cinismo y el interés personal parecen dominar nuestra cultura, estos relatos personales que celebran e ilustran el poder del servicio y el valor práctico del andar cristiano son verdaderamente reconfortantes. Con un estilo sencillo y amable, John Beckett nos recuerda, mediante ejemplos contemporáneos y reflexiones bíblicas, no solo que la fe cristiana es verdadera, sino también que el señorío de Jesús imparte una vida abundante, ¡hasta en el trabajo!.

Ian Hutchinson,
profesor y jefe del departamento de
ciencia e ingeniería nuclear del
Massachusetts Institute of Technology

Otro libro impactante de John Beckett, cuya pasión y discernimiento del trabajo con Dios pueden ayudarnos a producir vidas, productos y servicios que representen también a nuestro Señor. La integridad del autor y el visible fruto de su trabajo salpican todo el libro de una autenticidad silenciosa y persuasiva.

Dennis Peacocke,
presidente de
Strategic Christian Services

Si ¡*Por fin lunes!* te convenció de que tu fe forma parte de tu trabajo tanto como de la Iglesia, ¡*Disfrutando los lunes!* te dará la confianza y el fundamento, no solo para integrar la fe y el ámbito laboral, sino también para hacerlo con valentía. Alguien debe cambiar las cosas y… tú eres ese alguien.

Pat Wingen,
fundador y presidente de
Aaladin Industries Inc.

Tengo el privilegio de conocer a John Beckett desde hace muchos años. He visitado su empresa e interactuado con sus empleados. ¡*Disfrutando los lunes!* no es una teoría, sino la prueba de lo que Dios puede hacer por medio de una vida. Este libro es una inspiración para cualquier dirigente empresarial que quiera marcar una diferencia allí donde Dios le ha puesto.

André Thornton,
escritor, empresario, exjugador de
primera base de los
Cleveland Indians

Dedicatoria

Al Señor, siempre bondadoso, y a Wendy y a nuestra
familia —hoy más de veinte personas—:
una clarísima prueba de su bondad.

ÍNDICE GENERAL

Prólogo

Vivimos en un mundo de dicotomías aparentemente excluyentes, y los ámbitos de la fe y el trabajo pueden parecer polos opuestos. Pero lejos de ser necesariamente rivales, lo «sagrado» y lo «profano» pueden esclarecerse mutuamente. De hecho, el ámbito laboral puede llegar a ser un marco ideal en el que experimentar el amor de Dios. El Espíritu puede transformar hasta las cuestiones más triviales, creando fe y trayendo una nueva alegría.

Por razones obvias, la gente quiere que las empresas se muevan hacia conductas y prácticas éticas. Todos nos hemos sentido consternados por escándalos protagonizados por dirigentes empresariales sin escrúpulos. Nuestros héroes tienen pies de barro. Todos somos seres humanos frágiles y, si esperamos superar las tentaciones y dificultades de este mundo, todos necesitamos desarrollar una relación con Dios. Si queremos llegar a ser los amantes siervos que Dios pretende que seamos, necesitamos su ayuda.

Siempre ha habido hombres y mujeres, valientes y firmes, que nos han enseñado sobre nuestra relación con Dios y con los demás. Sus vidas demuestran que cuando amamos al Señor nuestro Dios con todo el corazón, alma, mente y fuerzas, y al prójimo como a nosotros mismos, nuestras vidas son transformadas, de forma individual y colectiva.

Esta es la razón por la que estoy agradecido por el ejemplo de John Beckett y sus reflexiones en este libro, ¡Disfrutando los lunes!. Hace algunos años que conozco a John y debo decir que tanto su vida como su trabajo me han sido de gran inspiración. En unas conferencias para directores ejecutivos, vi un vídeo de veinte minutos que muestra cómo la fe y el trabajo se han integrado en su empresa, R. W. Beckett Corp. Tanto me impresionó su historia que acordé con John enviar una copia del video a todos los miembros del consejo nacional de administración del *Center for FaithWalk* (centro para la vida de fe), nuestro ministerio *Lead Like Jesus* (dirige como Jesús). Confío que, por medio de este libro, muchos se beneficiarán también de su experiencia.

Pero John es un hombre modesto que no pregona sus logros, sino que dirige, nuestra atención hacia quienes le han servido de modelo e inspiración. Los principales mentores que se destacan en este libro son «compañeros de viaje» consignados en la Biblia, que estuvieron en posiciones de poder y que frecuentemente afrontaron situaciones parecidas a las que vivimos hoy en nuestro entorno laboral. También habla de modernos «héroes» de la fe y del servicio, identificando los principios que les han dirigido. Vidas así sirven, sin duda, de inspiración, puesto que todos necesitamos ejemplos perdurables que podamos imitar.

¡Disfrutando los lunes! me ha proporcionado verdadera alegría. Esta obra explica de forma sencilla y profunda cómo podemos transformar nuestro tiempo —en el trabajo o fuera de él—, en deliciosos momentos centrados en Dios y en los demás. Nos ayuda a entrar en la dinámica de nuestro verdadero propósito. Nos anima también a seguir escuchando el silbo suave y apacible que nos recuerda que todo comienza y termina con el servicio. ¡Disfrútalo!

Ken Blanchard
Coautor de The One Minute Manager® *y* The Secret

Reconocimientos

El esfuerzo de todo un año para escribir ¡*Disfrutando los lunes!* ha sido llevado a cabo por amor, pero no en aislamiento: han sido muchos los que han contribuido. Quiero agradecer especialmente la ayuda en la edición de mi viejo amigo Dick Leggatt, y de Al Hsu, mi editor de InterVarsity Press. Quiero darle también especialmente las gracias a Pam Madalone, mi increíblemente competente ayudante, y a varios dirigentes empresariales que han aportado sus experiencias a este libro: John Aden, Dean Borgman, Archie Dunham, Eric Pillmore y David Pugh.

Micro Zigarelli, decano de *Regent University Graduate School of Business*, ha encuestado a antiguos estudiantes de la institución sobre los desafíos que están afrontando en este momento, y he tratado varias de las cuestiones que plantean. Estoy muy agradecido a Ken Blanchard, un hombre muy ocupado, por el prólogo, y a los dirigentes y empleados de nuestra empresa, que tripularon el barco mientras yo me enfrascaba en este proyecto. Y a todos los que leyeron los primeros borradores —que fueron muchos, entre ellos Wendy y otros miembros de la familia— y me hicieron estupendas sugerencias. Como dijo un amigo, «si alguna vez ves una tortuga subida a un árbol, puedes estar seguro de que no ha llegado allí por sus medios».

Introducción

En el breve espacio de mi vida, el hombre ha fraccionado el átomo, conquistado la polio, llegado a la luna y encogido el planeta por medio de Internet. Pero millones de nosotros tenemos todavía que aprender a disfrutar los lunes.

El lunes plantea desafíos especiales. Para la mayoría, el lunes es el inoportuno portal que nos introduce de nuevo a la semana laboral, la chirriante puerta que tanto nos cuesta abrir tras dos días de descanso.

«No compres un vehículo fabricado un lunes», aconsejan los del gremio de la automoción. «Muchos de la planta de montaje no aparecen, y los que van a trabajar solo lo hacen a medias».

No soy inmune a los retos que plantea el lunes. Si hay un día de la semana en que me puede dar dolor de cabeza, es el lunes. A algunos les va mucho peor que a mí. ¡De hecho, el Centro para el control de las enfermedades de Atlanta afirma que los lunes a las nueve de la mañana es el momento de la semana en que se producen más ataques de corazón!

Sí, el lunes es un día único, el punto de partida para el resto de la semana laboral. No obstante, puesto que el trabajo se considera muchas veces como un «mal necesario» para poner comida sobre la mesa y financiar pasiones no laborales, el pobre lunes tiene a menudo muy mala prensa.

Para muchos, sin embargo, este negativo estereotipo de los lunes está cambiando, en especial para aquellas personas de fe que, por primera vez, están sintiendo un verdadero «llamamiento» al ámbito laboral. Desde esta perspectiva, el lunes se convierte en el esperado primer día de una gratificante semana llena de sentido.

Hace algunos años escribí un libro sobre este tema titulado *¡Por fin lunes! Integrando trabajo y fe*. En él describía mi recorrido como ingeniero escéptico, formado en el Instituto Tecnológico de Massachusetts, hasta convertirme en un entusiasta seguidor de Jesucristo, un periplo que siguió avanzando cuando me di cuenta de que podía encontrar la misma satisfacción y realización personal en mi trabajo «secular» que en cualquier otra forma más directa de ministerio. Cuento que, con la Biblia como guía, comencé a integrar los dos mundos de la fe y el trabajo. De forma gradual, y creo que como resultado directo de esta conexión entre fe y trabajo, vi que la empresa que dirigía prosperaba y llegaba a ser muy respetada en nuestro sector y entorno social.

Desde que escribí *¡Por fin lunes!*, he ido viendo cada vez con mayor claridad que se está produciendo una amplia transformación en el entorno laboral.

Es como si Dios hubiera concentrado una gran bendición en muchos de quienes están en el ámbito empresarial y profesional. Esto explica sin duda los numerosos informes divulgados por los medios de comunicación y la publicación de más de mil libros sobre la fe en el entorno laboral. Por otra parte, han surgido más de mil doscientas organizaciones y redes que fomentan la conciliación de la fe y el trabajo, la mayor parte de las cuales han aparecido durante los últimos diez años.

Mi perspectiva sobre estos fenómenos se va configurando a través de un extenso funcionamiento en red que llevo a cabo viajando, hablando y escuchando. En esta interacción con muchas personas he recopilado algunas preguntas que se hace la gente:

¿Cuál es el propósito de los negocios desde la perspectiva de Dios?

¿Cómo se reconcilian las metas económicas más básicas con las necesidades de los empleados?

¿Cómo desarrollo mi carrera profesional en un mundo que parece demandar que comprometa mis convicciones?

¿De qué modo mido el éxito?

¿Cuál es el aspecto de una empresa donde los dirigentes han integrado los dos mundos del trabajo y la fe? ¿Hay conflictos con aquellos que no están de acuerdo con estos planteamientos?

Son preguntas vitales que oigo repetidamente: una prueba evidente de que muchos quieren que su trabajo sea una verdadera vocación en la que expresar toda su pasión y que les reporte una profunda satisfacción. Esta clase de preguntas reflejan también un deseo cada vez mayor que las personas tienen de profundizar en su vida con el Señor y de aplicar la verdad bíblica en su trabajo. Están buscando modelos y ejemplos prácticos: personas e ideas que puedan ayudarles en los siguientes pasos de su periplo. Mi meta en ¡Disfrutando los lunes! es contribuir a dar respuesta a esta hambre creciente; ayudar a quienes son llamados al entorno empresarial y laboral a comprender y aplicar diariamente los caminos de Dios en su trabajo.

Una hoja de ruta

Quiero decirles lo que encontrarán en ¡Disfrutando los lunes!. En la primera parte, «Mi recorrido personal», consigno algunas de las luchas que experimenté y cómo tales luchas me han impartido una nueva comprensión tanto de mi fe como de mi trabajo.

En la segunda parte, «Compañeros de viaje», presento a varios personajes bíblicos que son tremendos modelos para quienes queremos vivir nuestra fe en el entorno laboral. ¡Ojalá hubiera contado con su ejemplo cuando tuve que navegar por las aguas turbulentas de los retos empresariales al comienzo de mi carrera!

En la tercera parte, «Propósitos de Dios para el ámbito laboral», hablo de cinco temas en los que las verdades bíblicas se encuentran con las realidades empresariales. Después de más de cuarenta años de experiencia laboral, he descubierto que, en la medida en que las adoptemos, estas prácticas ideas, aumentarán en gran manera las probabilidades de éxito en nuestro trabajo.

De principio a fin, voy entretejiendo tres conceptos básicos:

La importancia de desarrollar una cálida relación personal con el Señor. Esta relación forja nuestro carácter, y este carácter piadoso nos permitirá aplicar, de forma constante y exhaustiva, los conceptos bíblicos a las situaciones empresariales.

Un alineamiento más estrecho de la fe y el trabajo. Si concebimos estos dos mundos como círculos separados, nuestra meta es acercarlos progresivamente hasta que finalmente se fusionen en uno.

La multifacética expresión del reino de Dios en el entorno laboral

Jesús no predicó una religión, sino el reino. Es necesario que entendamos cómo afecta la idea que Jesús tiene del reino a las relaciones personales, las perspectivas y las prioridades en nuestro trabajo.

Se trata de asuntos importantes y provocativos. Pero confío en que son cosas que ya te estás planteando, y que tienes un gran deseo de explorar.

Lugares altos

Hace poco leí en el devocional *Manantiales en el desierto*: «La vida es una empinada ascensión y es siempre alentador que quienes van por delante vuelvan la cabeza y nos emplacen festivamente a ascender más arriba». Para mí, «ir por delante» solo significa tener algunos años y errores más en mi haber, y suficientes cicatrices para sentir una gran empatía hacia quienes suben por la pendiente.

El devocional continúa diciendo: «Ascender por la montaña de la vida es un asunto serio, pero muy glorioso. Para alcanzar la cima se necesita fortaleza y paso firme. La vista se ensancha a medida que nos elevamos. Si alguno de nosotros ha encontrado algo que vale la pena, debe volver la cabeza y llamar a los demás».

Espero que las lecciones que he aprendido te animen a avanzar en tu relación con el Señor; a ver dónde está obrando en tu entorno; a entender la dimensión redentora de los retos a los que te enfrentas cada día; y a mantener una esperanza viva de que Dios se ocupará de ti y, haciéndolo, edificará su reino. Si consigo ayudarte a «ascender más arriba», esta será mi mayor recompensa.

PRIMERA PARTE

Mi recorrido personal

1

Dentro y fuera del horno

Estoy en el mundo empresarial desde que nací. Mi padre fue un competente ingeniero que decidió comenzar una empresa fabril a finales de la década de 1930, literalmente en el sótano de nuestra casa en Ohio. La empresa y yo nacimos por aquel mismo tiempo (¡No cabe duda de que aquel fue un periodo productivo en la vida de papá!).

Aunque era solo un muchacho, recuerdo cuál fue el primer gran reto de la empresa: ¡la supervivencia! La Segunda Guerra Mundial había limitado severamente el suministro de materiales que necesitábamos para fabricar nuestro producto: quemadores de petróleo para calefacciones de viviendas y comercios. Para mantener la empresa en marcha, papá cambió a un sector totalmente distinto y nos dedicamos al aislamiento de viviendas en nuestra zona.

Solo tenía seis años, pero papá me llevaba con él a «ayudar» a los operarios que trabajaban con camiones especialmente equipados. Todavía siento el escozor de la fibra de vidrio que echábamos en un silo gigante para introducirla a presión en las paredes y techos de las casas que aislábamos. No fue gracias a mi ayuda, pero mi padre mantuvo intacta su pequeña plantilla y, tras la guerra, retomó la producción de quemadores.

En la última etapa del instituto me debatía con la elección de la universidad a la que asistiría. Estaba convencido de que mi decisión afectaría decisivamente a lo que después sería mi profesión. Por alguna razón, estaba dividido entre el mundo de la empresa y el ministerio cristiano. Mi corazón quería seguir a mi padre en la ingeniería. Si me aceptaban en el Instituto Tecnológico de Massachusetts (MIT, por sus siglas en inglés), la escuela de ingeniería más importante de los Estados Unidos y mi primera elección como universidad, se habría abierto la puerta para perseguir aquel sueño. Pero otra parte de mí se sentía atraída hacia el ministerio cristiano (simplemente porque, por alguna razón, me parecía un llamamiento «más digno»). Por ello, también presenté mi solicitud en Kenyon College, una escuela de letras de Ohio en la que había un seminario episcopal. Esperaba que mi decisión se resolvería mediante el proceso de aceptación.

Cuando llegó la primera carta de aceptación de Kenyon, me sentí ligeramente contento, pero no exultante. Pero cuando recibí la carta del MIT unas semanas más tarde (que me parecieron una eternidad), tuve que contenerme para no dar saltos de alegría. Si no hubiera crecido como un comedido miembro de la Iglesia episcopal, posiblemente los habría dado. La aprobación del MIT (y mi entusiasta respuesta) parecía una clara evidencia de que podía seguir los dictados de mi corazón que me dirigían al ámbito de la ciencia y la ingeniería.

Más adelante, en la última etapa de la universidad, surgió de nuevo la lucha entre el mundo comercial y el ministerio. ¿Debía acaso buscar un trabajo relacionado con la ingeniería, o aceptar un destino como el de capellán militar? Le pedí consejo al Dr. Teodore Parker Ferris, el respetado rector de la Iglesia Episcopal de la Trinidad en Boston, quien me aconsejó sabiamente que no entrara en ninguna forma directa de ministerio a menos que supiera, sin lugar a dudas, que Dios me llamaba a ello. A los pocos días, recibí una oferta de una empresa aeroespacial, una oportuna señal que me dirigía hacia mi futura vocación.

Así comenzó lo que sería una ininterrumpida carrera empresarial que, sin embargo, acabaría finalmente adquiriendo una dimensión «ministerial». Aunque durante aquellos años la forma en que percibía la guía divina estaba principalmente determinada por las circunstancias, ahora me doy cuenta de que Dios estaba, sin duda, guiando mis decisiones. Sin embargo, él me tenía reservadas otras muchas cosas para mi crecimiento espiritual. La primera etapa hacia este crecimiento llegó por medio de una incipiente relación con Wendy Hunt, una joven muy especial. Nos conocimos antes de acabar la universidad. Fue en la pequeña tienda de un camping en el Algonquin Provincial Park de Canadá, donde Wendy trabajaba durante el verano para financiarse los estudios en la Universidad de Toronto. Al poco tiempo conocí a sus padres. Para mi sorpresa, descubrí que tanto Wendy como su familia eran personas de una fe intensa, con una profundidad espiritual que me era desconocida. Hablaban de una relación personal con Cristo. Cuán distinto, pensaba, de lo que yo había experimentado hasta aquel momento.

Aunque estaba gratamente impresionado con la familia Hunt, me era difícil ajustar su fe sincera y entusiasta con mi acercamiento más «racional». De modo que esperé y observé. En realidad, las cosas espirituales no eran mi principal prioridad.

Wendy y yo nos casamos cuando ella acabó la universidad, y comenzamos nuestra vida en común en el norte de Ohio. Comencé a trabajar en la Sección Romec de Lear, Inc., donde ayudé a diseñar sistemas de orientación para misiles y aeronaves. Kirsten, nuestra primera hija, nació un año después, y la vida era, en su mayor parte, inmensamente gratificante. Aun así, sentía que me faltaba algo. Dios seguía pareciéndome distante e impersonal.

Una inesperada invitación

Un año después del nacimiento de Kirsten, mi padre me propuso algo que me sorprendió, porque nunca antes me lo había siquiera insinuado.

Quería que me uniera a él en su pequeña empresa fabril. Aceptar su oferta significaría cambiar el vanguardista mundo de la industria aeroespacial por el de la tecnología menos avanzada de la calefacción doméstica. Sin embargo, la idea de trabajar con mi padre me entusiasmaba, y este fue un factor concluyente en mi decisión.

Trabajar con papá fue mejor de lo que jamás habría podido imaginar: él mi mentor, yo su ayudante. Durante todo el primer año, él compartió abiertamente conmigo su conocimiento y experiencia, y yo esperaba seguir aprendiendo de él durante muchos años. Pero no fue así.

Una fría mañana de febrero de 1965, recibí una llamada de la policía local. Habían encontrado a mi padre desplomado sobre el volante de su coche, víctima, al parecer de un ataque de corazón. Tenía 67 años. Por el lugar donde le encontraron, supe que iba camino del trabajo. Mi primera respuesta fue de incredulidad. ¡Solo unas horas antes, parecía tan saludable, enfrascado en su trabajo, atento a su familia! ¡En un momento, nuestros sueños quedaron truncados! No obstante, la aplastante realidad me golpeó con toda su fuerza: papá se había ido. Ausente mi mentor y amigo más cercano, y con veintitantos años, sentí de repente el peso abrumador de dirigir la empresa que él había fundado y sustentado durante sus primeros veintiocho años.

El infierno

La muerte de papá no fue la única tragedia que nos golpeó aquel año. ¡Pocos meses más tarde, una llamada urgente de la brigada local de bomberos me despertó de madrugada para decirme que la fábrica Beckett estaba en llamas! Quise sacudirme lo que parecía un «mal sueño», pero enseguida me di cuenta de que no lo era en absoluto. Aquella llamada ha quedado profundamente grabada en mi memoria. Las palabras exactas que escuché fueron:

«Beckett, por encima del edificio salen llamas de más de diez metros. ¡Más vale que vengas enseguida!».

Cuando llegué a la planta se confirmaron mis peores temores: tras las ventanas de la fábrica, espantosas llamas rojas y anaranjadas danzaban furiosamente, traspasando el tejado e iluminando la noche. Habían llegado bomberos voluntarios, pero tenían un comprensible temor de entrar en el edificio, sin saber si había materiales volátiles o explosivos que pudieran suponer un riesgo excesivo. Les aseguré que sabía cómo podíamos desplazarnos por el interior del edificio y finalmente estuvieron de acuerdo en permitir que les guiara hasta el corazón del infierno.

Luchamos con aquel fuego hasta el amanecer. La luz de los primeros rayos solares, que se filtraba a través de los ennegrecidos cristales mostraba que no se había perdido todo. En los días siguientes, la pequeña plantilla de doce personas nos pusimos a trabajar día y noche, en un esfuerzo por recuperar todo lo que fuera posible y pudimos hacer suficientes reparaciones para reiniciar la producción. De hecho, por un curioso milagro, no dejamos de enviar ni un solo pedido a nuestros clientes. ¡Todavía no sé cómo lo conseguimos!

El impacto de estos dos acontecimientos sobre mí fue enorme, como el impacto de dos rayos en estrecha sucesión. Hasta aquel momento, pensaba que podía arreglármelas por mí mismo. Pero ahora, mi confianza estaba patas arriba. A pesar del maravilloso apoyo de Wendy y su familia, no estaba seguro de lo que tenía que hacer. Y Dios seguía pareciéndome muy lejano.

Muchas veces se dice que para acercarnos a Dios hemos de dar «un salto de fe», zambullirnos valientemente en un ámbito desconocido, mucho más allá de nuestra comprensión o capacidades naturales. Pero mi obstinada mente me había instruido a permanecer plantado firmemente en un terreno seguro. Pasaron meses sin respuestas. En la empresa seguían los desafíos. Me sentía descorazonado y confuso. Mientras tanto, parecía que Dios estuviera, callada y persistentemente, atrayéndome hacia él.

Sucedían pequeñas cosas que me animaban, como recibir un buen libro de parte de un amigo, o escuchar algún mensaje que respondía alguna pregunta clave. De forma gradual, cuando me acercaba a los treinta, las nieblas comenzaron a disiparse. Poco a poco, las piezas de un rompecabezas gigante comenzaban a encajar.

Fuera de la oscuridad

Aunque seguía teniendo muchas preguntas perturbadoras, había llegado a un lugar en el que no podía seguir nadando entre dos aguas. Quería tener una correcta relación con Dios, a cualquier precio. Pero parecía haber un enorme abismo entre nosotros, una brecha que se iba haciendo más grande con mi egoísmo, unas deterioradas relaciones con personas a las que había herido y con un molesto sentido de culpabilidad por algunas malas decisiones que había tomado. Con todo este bagaje, ¿cómo podía yo establecer una sana relación con Dios? ¿Existía realmente la posibilidad de un nuevo comienzo?

Aunque no sabía muy bien qué podía suceder, le pedí al Señor que me perdonara, que quitara los obstáculos que me separaban de él. Su respuesta fue inmediata. Como un maestro que limpia la pizarra con rápidos y eficientes movimientos de borrador, el Señor me libró de todos los desechos acumulados de mi pasado. De repente, me di cuenta de que una gran carga había desaparecido de mis hombros. Me sentí lavado y limpio.

Pero esto no fue todo. Mi siguiente paso me adentró todavía más en un territorio desconocido. Por primera vez en mi vida, podía abandonarme deliberadamente, rendirme a Dios. Le dije: «Señor, me entrego completamente a ti. No quiero retener nada bajo mi control. Quiero ser tuyo y confiar en que tú me recibes tal como soy».

Lo que sucedió me asombró. Experimenté una nueva clase de paz, la certeza de que Dios me había aceptado. No me lo había ganado, ni me lo merecía, pero cuando di aquel paso de fe, tuve la sensación de que Dios me recibía con los brazos abiertos. Por primera vez, sentí que mi relación con él era correcta. Ya no estaba lejos. En palabras que en aquel momento solo entendía de un modo impreciso, me di cuenta de que había «nacido de nuevo», aquella extraña expresión que solo podía aplicarse a otras personas, pero no a mí. (Años más tarde, leí un comentario de John Wesley, el gran reformador y evangelista del siglo XVIII. Wesley afirmaba que cuando le entregó su vida a Dios sintió «una extraña calidez». Esta es una apropiada descripción de lo que me sucedió a mí). Sentía una cercanía a Dios que nunca antes había experimentado, y que solo de forma vaga podía imaginar que fuera posible. ¡Había encontrado lo que me faltaba!

Cuando reconstruía los acontecimientos que condujeron a aquel momento, veía un claro patrón. A pesar de mi obstinación, Dios había estado obrando desde el primer día para llevarme hasta él. Me había dado padres que me amaban y que habían sido maravillosos modelos para mí. Había dirigido decisiones clave, como la universidad en la que me formaría y cuál sería mi trayectoria profesional. Me había permitido iniciar y desarrollar una preciosa relación con Wendy y su familia. Dios había enviado amigos y mentores precisamente cuando más los necesitaba, especialmente durante los meses posteriores a la muerte de mi padre, y después, nuevamente, tras el incendio. Su mano había estado guiándome y proveyéndome cuanto necesitaba. Sin embargo, nunca se había impuesto ni me había obligado: solo había esperado con paciencia a que viera mi necesidad. Ahora, finalmente, había respondido de formas que él había deseado desde el principio.

2
Integrando dos mundos

La vida es dura. Dios es bueno. No entiendas estas cosas al revés.
Consejo de un amigo a Anne Beiler,
fundadora y exdirectora ejecutiva de la franquicia *Pretzel* de *Auntie Anne's.*

Mi nueva relación con el Señor comenzó produciendo algunos cambios inesperados. La Biblia cobró vida, y sus palabras adquirieron una relevancia y una fuerza que nunca antes habían tenido para mí. Comencé a comprender mejor y apreciar más la fe de Wendy, viendo dimensiones que antes me habían pasado por alto, como por ejemplo su vida de oración y profunda compasión por los menos afortunados. Se fue creando un nuevo círculo de amigos formado por personas con el mismo deseo de crecer espiritualmente. No obstante, aunque estaba muy entusiasmado con mi nueva fe, ésta no parecía relevante y perceptible para mi trabajo. Cada día, cuando me dirigía a la oficina, era dolorosamente consciente de que estaba abandonando un mundo para entrar en otro. Mi fe y mi trabajo eran cosas claramente separadas.

No conocía a nadie que experimentara este dilema en el mundo del trabajo, y los que se tomaban en serio su fe no estaban en el ámbito empresarial, sino en trabajos relacionados con la Iglesia. Una vez más, me encontraba ante el antiguo conflicto entre el mundo laboral y el ministerio. Esta cuestión me inquietaba hasta tal punto que estaba dispuesto a hacer un cambio radical e involucrarme en algún ministerio misionero en el extranjero, si esto era lo que Dios quería. Tenía, sin embargo, la convicción de que si había algo que pudiera llamarse «vocación» empresarial, esta sería, sin duda, la mía.

En uno de mis primeros pasos como cristiano recién convertido, pedí a Dios con fervor y determinación que me diera una clara dirección al respecto. La respuesta no llegó inmediatamente, pero finalmente obtuve una inmensa certeza. El Señor parecía decirme, «John, estás exactamente donde quiero que estés, sirviéndome en tu negocio. Este es tu llamamiento». Recuerdo la sensación de alivio y gratitud que brotaba dentro de mí y que me apremiaba a responder al Señor con un claro compromiso. Quería hacer todo lo posible para poner en marcha mi fe. No quería ser una persona el domingo y otra el lunes. No quería seguir gestionando mi empresa de la manera «normal», con sus atajos y componendas, iba a intentar dirigirla de un modo que honrara y agradara a Dios.

Así comenzó mi periplo para integrar dos mundos. Para mi sorpresa, descubrí que mi creciente fe era muchas veces relevante para las cuestiones del trabajo, pero también era cierto lo contrario. Ciertos temas laborales suponían un reto para mi fe y la fortalecían, a veces, más de lo que esperaba.

Una prueba temprana

Recuerdo un incidente con dos empleados implicados en una seria disputa. En otro tiempo habría adoptado un acercamiento convencional para la resolución de aquel conflicto: habría hablado con cada uno de ellos e introducido, posiblemente, la ayuda de un consejero externo. Pero, en aquella ocasión, le pedí al Señor que me guiará, sin estar muy seguro de si me respondería o de cómo lo haría. Poco después de esto, llegué en mi lectura al pasaje que dice, «Si tu hermano peca contra ti, ve a solas con él y hazle ver su falta. Si te hace caso, has ganado a tu hermano» (Mateo 18:15).

Decidí poner en práctica los pasos que recomienda este versículo. Les pedí a ambos que se reunieran para buscar la resolución del conflicto. «No salgáis de la habitación hasta que hayáis conseguido un avance significativo», les dije. En el marco de esta orden, conversaron hasta encontrar la raíz de su malentendido. Una vez que entendieron lo que había sucedido, pudieron pedirse perdón y salir de aquella habitación con lágrimas, pero sonriendo. El hecho de haber podido solucionar el problema por su cuenta produjo un vínculo entre ellos más estrecho que nunca. Con los años descubrí, una y otra vez, que este es un acercamiento especialmente efectivo. En algunos casos excepcionales en que no fue así, introdujimos a otras personas para que les ayudaran a trabajar en la reconciliación.

Desafíos constantes

Con el crecimiento de la empresa y la contratación de nuevo personal a comienzos de la década de 1970-1980, fuimos asaltados de repente por la que sería mi peor pesadilla. Un sindicato quiso organizar nuestra plantilla, en aquel momento de casi treinta empleados, que cobraban por horas. Tengo grabado aquel enfrentamiento en la memoria como si hubiera sucedido ayer. Puedo decir que, afortunadamente, nuestros empleados votaron desestimar la mediación del sindicato, y pudimos mantener una relación abierta y directa con ellos en lugar de recurrir a un tercero. Pero aquello fue un toque de atención. Aunque de manera involuntaria, no habíamos tenido suficientemente en cuenta a nuestro personal. Inmediatamente se inició un proceso para remodelar nuestras prácticas y políticas, basado en un compromiso mucho más profundo con nuestro personal y su bienestar.

¡Lecciones importantes! Hoy, con más de seiscientos empleados, todas nuestras empresas siguen sin estar sindicadas.

Pero pronto tuvimos que enfrentarnos a otros retos. Durante la década de 1970-1980, nuestras empresas se vieron sacudidas, en dos ocasiones, por una crisis energética mundial. Los precios del combustible subieron por las nubes, y los mercados de nuestros productos se resintieron. El impacto fue tan importante que algunos de nuestra competidores tiraron la toalla y dejaron de fabricar quemadores. Pero como sucedió con la sindicalización, estas crisis tuvieron también su lado positivo. Durante este periodo, llevamos a cabo ciertos cambios en nuestra estrategia comercial, desarrollamos una nueva tecnología de combustión mejorada y, a mediados de la década de 1980-1990, nos habíamos convertido en líderes de la cuota de mercado en nuestro sector. Y lo que es más importante, aprendimos un nuevo nivel de determinación —y de fe— en nuestra forma de reaccionar ante los cambios que están fuera de nuestro control.

A los pocos años, comenzamos a diversificarnos entrando en sectores completamente nuevos. Creamos Beckett Air, Inc., para fabricar turbinas para aplicaciones de flujo de aire, y Beckett Gas, Inc., para producir productos de combustión de gas. Nos dimos cuenta de que, con múltiples instalaciones y cientos de empleados, teníamos que establecer y comunicar ciertas normas que nos mantuvieran en una misma cultura empresarial. Decidimos pedir a nuestros directores que trabajaran en un nuevo planteamiento de nuestras políticas y prácticas. ¿Reflejaban fielmente quiénes éramos y quiénes queríamos ser, fomentando un equilibrio entre el trabajo y la familia, preocupándonos por la salud y seguridad de nuestros empleados, y teniendo en cuenta el deseo de nuestros trabajadores de crecer en el ámbito personal y laboral? ¿Podíamos hacer que estas nuevas directrices fueran algo vivo no solo en su mente, sino también en su corazón? ¿Estábamos honrando a Dios de todas las formas posibles?

Aquello era mucho más trabajoso de lo que nunca hubiera esperado, pero finalmente redactamos y comenzamos a comunicar nuestra «Hoja de ruta empresarial» que detallaba nuestra visión, misión, valores esenciales y principios rectores: un marco de referencia que nos ayudara a forjar y mantener un determinado carácter empresarial y a trazar la futura trayectoria de nuestras empresas. (Podéis ver nuestra «Hoja de ruta empresarial» en www. beckettcorp.com). Es difícil expresar lo valioso que ha sido este recurso para definir y mantener la cultura corporativa en nuestras empresas. (Aunque en este momento tenemos múltiples empresas, en las siguientes páginas me concentraré especialmente en R. W. Beckett Corporation, que representa nuestra principal actividad).

Un enfoque nacional

A mediados de la década de 1990-2000, había cientos de indicaciones, grandes y pequeñas, de que Dios estaba obrando entre nosotros. Pero por nuestra parte tratábamos de pasar desapercibidos mientras forjábamos entornos propicios para la fe en nuestras empresas. Por eso nos sorprendimos tanto cuando el programa de televisión *ABC's World News Tonight with Peter Jennings* nos pidió que presentáramos nuestro trabajo.

Un año antes, la Comisión para la Igualdad de Oportunidades Laborales (EEOC, por sus siglas en inglés) había publicado unas directrices que para muchos tendrían un efecto desastroso para la mayoría de las expresiones religiosas en el ámbito laboral. Nosotros cuestionamos abierta y públicamente su posición, lo cual llamó la atención de los medios de comunicación a escala nacional. Esto llevó, en última instancia, a *ABC News* a profundizar en lo que veían como un creciente interés en nuestra nación por utilizar la Biblia como guía para los negocios. Nuestra implicación con la EEOC nos hizo aparecer en el radar de ABC como foco de su reportaje.

Cuando esta cadena llamó para decirnos que querían que la R. W. Beckett Corporation fuera su principal «prueba instrumental», nuestra primera reacción fue de completo escepticismo. Era muy posible que quisieran realizar un reportaje despreciativo y, de ser así, producirían daños colaterales. Sin embargo, a pesar de nuestros recelos iniciales, llegamos a la conclusión de que contar nuestra historia podía ayudar a otras personas, y acordamos seguir adelante.

El resultado fue una presentación de cuatro minutos que se emitió en septiembre de 1995. Sorprendentemente, era un trabajo riguroso y gratamente libre de los prejuicios que temíamos. Tras la emisión, Peggy Wehmeyer, la periodista de ABC encargada del reportaje, me llamó: «John, acabo de hablar con Nueva York, y me dicen que han tenido más llamadas con comentarios positivos que con ninguna otra historia que hayamos emitido en el informativo de la noche». Cuando, asombrado, colgué el teléfono, tuve la inmediata sensación de que aquel reportaje había puesto el dedo en la llaga. Por toda la nación, había personas interesadas en otra clase de entorno laboral. Supe en mi corazón que era el momento de que la fe bíblica traspasara los límites de la Iglesia e irrumpiera en las encrucijadas del mundo empresarial.

Recibí, asimismo, otras llamadas: inventores que querían vendernos sus ideas, personas que suplicaban que les dejáramos trabajar con nosotros. Me llamó también un agente literario de Nueva York.

«Beckett —me dijo con voz áspera—, he visto el reportaje. ¡Tiene que contarlo en un libro!».

Su comentario me cogió sorpresa y le pedí que me explicara qué implicaría exactamente.

«Escriba algunos capítulos —respondió—. Tengo conexiones con muchas editoriales».

Unos meses más tarde le devolví la llamada, para decirle con cierta satisfacción: «He hecho lo que me sugirió. ¿Dónde le mando el borrador?».

«No se moleste —me dijo—. He perdido el interés. Ahora estoy con otras cosas».

Recuerdo el largo paseo que di para calmarme tras aquellas abruptas y humillantes palabras. Con la mente más fría le escribí: «Veo que no está interesado en este proyecto, pero, en cualquier caso, quiero darle las gracias por ayudarme a ponerme en marcha. He empezado con este libro y no voy a tirar la toalla».

Dos años y medio más tarde, InterVarsity Press publicaba *Loving Monday. Succeeding in Business Without Selling Your Soul* (publicado por Clie con el título: *¡Por fin lunes! Integrando trabajo y fe*). Su mensaje encontró mucha receptividad entre personas que anhelaban derribar el muro que separaba la fe y el trabajo. Me humilla y sorprende poder decir que, hoy, *¡Por fin lunes!* se ha traducido a los principales idiomas del mundo. (¡Mientras escribo esto, acaba de salir una edición en chino, publicada en este país, y distribuida en los cincuenta y tres supermercados que WalMart tiene por todo el territorio!).

La respuesta —primero al reportaje de televisión, y después al libro y a los mensajes relacionados que he podido dar en cientos de escenarios diferentes— ha reafirmado mi creciente percepción de lo que ahora ha surgido como un movimiento muy significativo a nivel mundial. Imagínate, por ejemplo, mi sorpresa y deleite cuando visité a Jim Lane, un banquero de inversión neoyorquino, en su enorme casa de New Canaan, Connecticut. Un viernes a las 7 de la mañana, tras dejar sus zapatos cuidadosamente aparcados en el porche de la puerta trasera de Lane, 150 hombres cantaban vigorosamente y compartían sus preocupaciones personales y laborales en su reunión semanal, fortaleciéndose en el Señor y en la comunión fraternal. Desde Connecticut a California y desde Toronto a Tampa, en desayunos de oración, seminarios, reuniones en hogares o compartiendo un café, hombres y mujeres se están uniendo para hablar de fe... y trabajo.

En su libro *Faith@Work*, Os Hillman observa el crecimiento de reuniones basadas en la fe en las empresas, donde se han formado grupos de afinidad cristianos, señalando que, durante la pasada década, se han establecido este tipo de grupos en compañías como Coca Cola, American Airlines, Intel, Texas Instruments y Sears. No es de extrañar que el Dr. Henry Blackaby, conocido escritor y conferenciante, resuma de este modo este notable movimiento: «En el ámbito laboral, Dios está organizando a su pueblo como nunca antes en la Historia» (Os HILLMAN, *Faith@Work*, pág. 11).

Pasando un relevo empresarial

Seguimos gestionando nuestras empresas de la forma más bíblica posible. Casi a diario experimentamos desafíos laborales que nos ayudan a mantener una fe fresca, recordándonos que hemos de permanecer cerca del Señor y sus propósitos, y no dormirnos en los laureles. Queremos hacer todo lo posible por preservar y enriquecer nuestra cultura empresarial, sabiendo lo fácilmente que podemos perderla. Una de las prioridades más importantes es formar personas en nuestras organizaciones que interioricen profundamente nuestra misión, valores y deseo de honrar y agradar a Dios. Me encanta ver que algunos miembros de nuestra familia hacen suyos estos aspectos de nuestra cultura a medida que van asumiendo más responsabilidades en nuestras empresas. Este es el caso de Kevin, nuestro hijo mayor, quien acaba de relevarme como director ejecutivo de nuestra principal empresa. Ambos hemos trabajado durante más de una década con vistas a esta transición. (¡Por razones evidentes, ambos estamos muy agradecidos de que no se hayan repetido los traumáticos acontecimientos que me llevaron a mí a ocupar este lugar!).

Mi deseo es ver que todas nuestras empresas siguen creciendo y prosperando, al tiempo que mantienen nuestra peculiar cultura (yo soy presidente de todas las juntas directivas). Aparte de este propósito, quiero ayudar a otras personas del mundo empresarial a integrar fe y trabajo. Las oportunidades que surgen son casi inimaginables. En su tema de portada de julio del 2001, la revista *Fortune* hablaba de quienes estaban implicados en la transformación del entorno laboral como «un grupo de creyentes, en su mayoría no organizados —una contracultura que está aflorando por todas las empresas estadounidenses—, que quieren salvar la tradicional divisoria entre espiritualidad y trabajo». Es posible que ya formes parte, junto con tus colegas, de esta nueva contracultura, ahora cada vez más organizada, pero si no es así, ya sea que dirijas una empresa puntera o la tienda de la esquina, ahora ya es posible.

Pero si te pareces un poco a mí, entonces necesitas mucha ayuda en tu experiencia empresarial. En la próxima sección, analizaremos a algunas personas muy especiales: modelos bíblicos a los que he llamado con afecto «compañeros de viaje». Sus relatos han inspirado a millones de personas. Son los pioneros más antiguos en el ministerio laboral. Puede que te sorprenda la claridad que aportan sus ejemplos a medida que avances en tu llamamiento y propósito dentro del ámbito laboral.

SEGUNDA PARTE
Compañeros de viaje

3

Nuestros compañeros más antiguos: de Adán a Booz

Ahora bien, [...] gracias a ella (la fe) fueron aprobados los antiguos.
Hebreos 11:1-2

Durante los últimos años me he reunido con muchos cristianos en el ámbito laboral y he encontrado un anhelo recurrente. Quieren saber cómo integrar de manera práctica los dos mundos de la fe y el trabajo. A continuación transcribo algunas de las preguntas que se han planteado en estos encuentros: «¿Cómo puedo vivir mis creencias en una empresa secular?», «¿Cómo debo actuar con compañeros de trabajo faltos de carácter o integridad, o con un superior que lleva a cabo prácticas comerciales poco éticas?», «¿Cómo puedo reconciliar la necesidad de mantener buenos resultados con el esfuerzo de desarrollar una conducta íntegra entre los empleados y otros colaboradores?».

Kimberly Bean, quien dirige su propia consultoría empresarial en Virginia, me preguntó: «¿Cuáles crees que son los caminos del Señor que te guían en la toma de decisiones difíciles?». ¡Qué pregunta tan interesante! Si verdaderamente entendiéramos «los caminos del Señor», ¿no podríamos, acaso, dar pasos de gigante en la resolución de las desconcertantes decisiones que hemos de tomar cada día?

He descubierto que, para conocer los caminos del Señor, hemos de aprender de sus palabras. Pero esta comprensión me fue llegando de forma gradual.

La Biblia: descubriendo una brújula para el lugar de trabajo

En los primeros años de mi vida, consideraba la Biblia como una recopilación de relatos, muchos de los cuales podían ser ciertos o no. Mi madre me leía relatos infantiles de la creación de Dios, el arca de Noé y el diluvio, la salida de Moisés de Egipto abriendo las aguas del Mar Rojo, y la valentía del joven David cuando derrotó a Goliat.

Más adelante no me atraía leer la Biblia por mi cuenta, al menos con cierta consistencia. Por supuesto, de vez en cuando la desempolvaba y leía algunas páginas, hasta que me atascaba en alguna interminable cronología

(¿era realmente importante —pensaba— quién engendró a quién?). Lamento haber considerado la Biblia —como muchas personas de nuestro tiempo— como un texto que había que ocultar en un estante elevado, para tenerlo, por si acaso, como una linterna de emergencia o una radio de onda corta, para usarla solo en tiempos de crisis.

Pero cuando mi relación con Cristo se hizo sólida, mi actitud hacia las Escrituras cambió. Me di cuenta de que los relatos que contiene no eran solo interesantes narraciones, sino la viva crónica de la historia de Dios, su carácter y su relación con nosotros. Por sugerencia de un conferenciante, comencé la práctica de leer la Biblia cada día. Lo que al principio era solo deber, pronto se convirtió en deleite. Una vez que adopté este acercamiento más habitual a la lectura y al estudio, me di cuenta de que la Biblia podía aportar consejos prácticos en cuestiones relacionadas con el ámbito laboral: uno de los descubrimientos más alentadores y útiles de mi vida. Esta es la realidad que aborda este libro.

Tu experiencia y la mía son relevantes. Cada día tenemos la opción de «ir a lo nuestro», o de alinear nuestros pensamientos, prioridades y actividades con Dios, y permitirle que obre a través de nosotros. Por esto es tan importante aprender de los pioneros bíblicos de la fe. He descubierto que son exactamente la clase de mentores, modelos y compañeros que necesitamos: personas como nosotros que afrontaron los desafíos y luchas de *su* tiempo.

Más que buenos ejemplos, son fieles amigos, compañeros de viaje.

En el principio

De los sesenta y seis libros de la Biblia, Génesis es el primero. Es literalmente «el libro de los comienzos». Sus primeros capítulos describen el impresionante proceso de la creación y el breve periodo anterior a la caída. Aquellos días ponen de relieve una asombrosa asociación entre Dios y su preciada creación: el primer hombre y la primera mujer. Aunque Adán y Eva tenían límites, dentro de ellos, gozaban de una inmensa libertad y autonomía.

El trabajo ocupa un lugar esencial en los primeros capítulos del Génesis. Dios se nos presenta como alguien que trabaja, creando de la nada un impresionante universo con luz, tierra, agua, vegetación, animales y, finalmente, la humanidad. Después de esta potente efusión de energía creativa, Dios emitió la primera evaluación del rendimiento: «Dios miró todo lo que había hecho, y consideró que era muy bueno» (Génesis 1:31). El trabajo formaba, y forma, parte de la naturaleza de Dios. Este aspecto clave de su identidad contrasta marcadamente con otras religiones del mundo que nos presentan unos dioses pasivos, abstractos e inactivos.

Según el patrón de su naturaleza, Dios asigna a Adán ciertas responsabilidades de trabajo: este ha de cultivar la tierra, poner nombres al reino animal, colaborar con su esposa, tener hijos con ella y dirigir a su familia. A diferencia de la idea que, en nuestro tiempo, suele tenerse del trabajo, para Adán y Eva era inicialmente una fuente de placer y noble servicio a Dios, un reflejo de la creatividad y diligencia del Padre. No debería, pues, sorprendernos, que, cuando las personas no actúan según este propósito de Dios, languidezcan.

El secreto de DeBakey

Los hábitos de trabajo de Michael DeBakey ponen de relieve la importancia de la vocación para la vida humana. Un artículo de la *Asociación Médica Estadounidense* afirma: «Muchos consideran a Michael E. DeBakey como el mejor cirujano de todos los tiempos». Sin embargo, en un interesante artículo aparecido en *The Wall Street Journal*, se subraya la relevancia de los secretos de DeBakey acerca de la salud personal (*The Wall Street Journal*, 8 de marzo del 2005).

Cuando se escribió este artículo, DeBakey era rector emérito en el *Baylor College of Medicine* de Houston. Este médico de noventa y seis años mantenía una vida sorprendentemente activa, que consistía en escribir, investigar y dictar conferencias por todo el planeta. El autor del artículo, que visitó a este legendario médico, escribía: «Sus hábitos personales concuerdan, esencialmente, con lo que los médicos suelen prescribir. Siempre ha comido con moderación [...], camina siempre que puede [...], prefiere subir por las escaleras que usar ascensores. No toma medicamentos, no bebe y nunca ha fumado. Su uniforme militar le sigue quedando perfectamente».

¡Impresionante! Sin embargo, lo que más me sorprendió fue lo que dijo después. «Pero donde el Dr. DeBakey ve el verdadero secreto de su longevidad es en el trabajo. Se levanta cada día a las cinco de la mañana para escribir en su despacho por espacio de dos horas, antes de ir en su coche al hospital a las siete y media, donde permanece hasta las seis de la tarde. Después de la cena, vuelve a su biblioteca para dedicar otras dos o tres horas a leer o escribir antes de irse a la cama a las doce de la noche. Como durante toda su vida, solo duerme unas cuatro o cinco horas».

Con todo el acento de nuestra cultura en el tiempo libre y nuestra pasión por los fines de semana, el «secreto» de DeBakey será una sorpresa para muchos. No obstante el patrón de tenaz trabajo que vemos en este nonagenario es un buen recordatorio de que Dios nos ha creado para que seamos seres productivos. Como me inculcó mi padre desde que era capaz de manejar una pala, «¡El trabajo duro no ha matado a nadie!».

Una singular colaboración

Pero el trabajo pronto se apartó radicalmente de los propósitos originales de Dios. Al principio, la relación entre Dios, Adán y Eva, lejos de ser algo tedioso, se caracterizaba por el compañerismo, la cordialidad, la confianza y una inmensa satisfacción; y el trabajo era una parte integral de ella (Génesis 2:15). Su colaboración estaba totalmente libre de las tensiones, frustraciones y deslices de conducta que hoy caracterizan y, a menudo, deterioran las relaciones laborales. Y esto fue así hasta que Adán y Eva abusaron de la libertad que se les había dado y desobedecieron a Dios. A partir de este momento, todo cambió drásticamente.

La caída tuvo consecuencias inimaginables. Recuerdo claramente una conversación que tuve con un amigo sobre los enormes problemas que experimentan las personas por todo el mundo —dolor, angustia, luchas, corrupción—, el pecado en sus peores consecuencias. Con lágrimas en los ojos, mi amigo observó, «John, no creo que seamos conscientes de hasta qué punto caímos en la caída».

Uno de los resultados de la trágica caída del ser humano fue un cambio drástico en la naturaleza del trabajo. En lugar de ser el deleite que Dios había planeado, en un mundo caído, el trabajo se convirtió en algo agotador: «Te ganarás el pan con el sudor de tu frente» (Génesis 3:19). Más adelante veremos que esta degradación del trabajo no tenía que ser una condición permanente. Pero en el momento de la caída, literalmente, todo quedó sujeto a la corrupción, incluida nuestra labor diaria.

Aun así, el trabajo y las vocaciones seguían siendo algo esencial para los seres humanos. Caín y Abel, los primeros hijos de Adán y Eva, labraron la tierra y pastorearon rebaños. A sus descendientes, se les conocía por las profesiones que desempeñaban —ganaderos, músicos, herreros (Génesis 4:19-22). De igual modo, muchos de los protagonistas de los siguientes relatos veterotestamentarios están íntimamente relacionados con el trabajo que desempeñaron, como José, que fue primer ministro del rey de Egipto (Génesis 41:41), y Josué, quien tuvo que reunir una gran variedad de capacidades cuando el pueblo hebreo entró a poseer su herencia en la tierra prometida. Ahora consideraremos más concretamente a algunos pioneros del trabajo colectivo: a Noé y a Moisés, y a dos menos conocidos, Bezalel y Booz.

Noé: modelo de carácter

Supongamos que has de hacer frente a la situación con que se encontró Sherron Watkins en Enron. Este coloso de la energía con sede en Houston había dejado de ser una pesada empresa de oleoductos y gasoductos, y se había convertido en una aparente maravilla de Wall Street, que ocupaba el séptimo lugar entre las compañías estadounidenses en cuanto a ingresos se refiere. Hacia el verano de 2001, la Sra. Watkins, subgerente de finanzas de Enron, tenía profundas sospechas sobre las prácticas contables de su empresa. ¿Era posible que aquella empresa de altos vuelos fuera en realidad un castillo de naipes? ¿Cuál era la forma correcta de proceder? Expresar sus preocupaciones a los altos cargos podía costarle su trabajo, pero permanecer en silencio podía poner en peligro a toda la empresa.

La Sra. Watkins, y quienes han de hacer frente a importantes dilemas éticos en el ámbito laboral, pueden aprender de Noé, nuestro primer compañero de viaje. Noé vivió en un período de constante deterioro ético: «La maldad del ser humano en la tierra era muy grande, y [...] todos sus pensamientos tendían siempre hacia el mal» (Génesis 6:5). Pero Dios escogió a Noé para que llevara a cabo un encargo titánico: construir una nave que serviría para salvar a la civilización. Fue escogido —observemos las cualidades de carácter— porque «contaba con el favor del Señor». Noé era un hombre «justo y honrado entre su gente. Siempre anduvo fielmente con Dios» (6:8-9).

Además de carácter, Noé necesitaba una excepcional combinación de capacidades para llevar a cabo la desafiante tarea que Dios le había encomendado. El arquitecto naval era Dios mismo, y el único camino para el éxito era el de una completa obediencia: «Y Noé hizo todo según lo que Dios le había mandado» (6:22). ¡Se ha calculado que el arca que construyó Noé tenía casi 10.000 metros cuadrados de espacio habitable (el tamaño de veinte canchas de baloncesto homologadas) y una capacidad cúbica equivalente a más de quinientos vagones de tren!

El ejemplo de Noé deja claro que Dios puede hacer cosas increíbles con una persona cuyo corazón le pertenece por completo. Las personas de este tipo no son solo capaces de reunir las capacidades necesarias para la tarea, sino de resistir la clase de ridiculización que hubo de afrontar Noé, acometer una tarea aparentemente interminable, sacrificar los propios planes y «hacer lo que es debido». Sherron Watkins, de quien después hablaremos con más detalle, fue esta clase de Noé en Enron.

Daremos ahora un salto de ochocientos años para reflexionar sobre el modelo de liderazgo que nos ofrece Moisés.

Moisés: un modelo de liderazgo

China está actualmente emprendiendo un enorme proyecto de construcción: domar al «poderoso dragón», el río Yangtsé que discurre a lo largo de unos 5.500 km, desde el Tibet hasta la parte oriental del Mar de China. Supongamos que te han nombrado director del proyecto más grande de su clase en toda la Historia: la construcción de la presa de las Tres Gargantas. Esta presa tendrá una extensión de casi dos kilómetros, y se elevará a una altura de unos 175 metros por encima del río Yangtsé. La zona que será inundada desplazará al menos a un millón doscientas mil personas, de las cuales la mitad son agricultores. Algunos de quienes viven en esta zona están tan resueltos a quedarse, que han jurado morir antes que abandonar sus tierras. ¿Tienes algún «compañero de viaje» en tu cometido como director de este proyecto, alguien que haya emprendido una empresa tan monumental?

Puede que Moisés sea precisamente este compañero. Rescatado cuando era un bebé de un edicto de muerte, criado en el ámbito de la familia real egipcia y exiliado en un oscuro rincón del desierto como pastor, Moisés fue finalmente llamado por Dios para liberar a tres millones de personas del yugo de esclavitud. En Moisés, encontramos un asombroso compendio de sanos conceptos comerciales.

Delegación. Tras cruzar el Mar Rojo con el pueblo, Moisés afrontó la desconcertante responsabilidad de aconsejarles y resolver sus disputas. Puesto que era un hombre solitario, su suegro Jetro intervino para salvar la situación. Entendiendo que su yerno se estaba agotando, Jetro le dio una clave para construir una eficaz estructura de gestión: «Elige tú mismo entre el pueblo hombres capaces y temerosos de Dios, que amen la verdad y aborrezcan las ganancias mal habidas» (Éxodo 18:21). Moisés aceptó el consejo y añadió a su círculo «hombres sabios y experimentados» (Deuteronomio 1:15).

Es posible que la responsabilidad más trascendental de un dirigente sea seleccionar cuidadosamente a sus colaboradores más cercanos. Los buenos dirigentes encontrarán personas aún más cualificadas que ellos en sus áreas de especialización. En su obra *Empresas que sobresalen*, Jim Collins llama a esto, «llevar en el autobús a las personas adecuadas». «Los líderes de las empresas sobresalientes no iniciaron la transformación planteándose dónde querían dirigir el autobús, sino llevando primero a él a las personas idóneas (y sacando a los ineptos), y pensando después adónde debían dirigirse» (Jim COLLINS, *Empresas que sobresalen*, pág. 41 del original en inglés). Una vez en el autobús, los dirigentes eficientes delegan autoridad y responsabilidad.

El presidente Ronald Reagan dijo en una ocasión: «Rodéate de las mejores personas que puedas encontrar, confiéreles autoridad, y no interfieras en su trabajo siempre que se lleve a cabo la política que has decidido implementar». Los dirigentes que delegan bien construyen una atmósfera de confianza, respeto y productividad, que se caracteriza por la apertura y la franqueza. Tales líderes y sus equipos insisten en conocer la verdad, aunque sea dura, para poder abordar la realidad.

Un ejemplo de delegación incorrecta, al menos en opinión del consejo de la empresa, fue el caso de Carly Fiorina, el antiguo presidente y jefe ejecutivo de Hewlett-Packard Co. Poco antes de su cese, en enero de 2005, una persona cercana a la situación observó, «la Sra. Fiorina tiene enormes capacidades, pero no debería estar gestionándolo todo cada día» (*The Wall Street Journal*, 24 de enero, 2005).

Capacidades. Moisés se rodeó de hombres y mujeres con capacidades excepcionales, personas que estaban a la altura de las circunstancias y eran capaces de asumir grandes responsabilidades. Algunos tenían aptitudes que iban más allá de los talentos naturales, igual que Noé. Una de tales personas fue Bezalel. Este siervo escogido nos ayuda a ver que Dios imparte creatividad y capacidades artísticas, comerciales, y en el área del diseño, la arquitectura y la ingeniería. Moisés reconoció que Bezalel había sido escogido por Dios (Éxodo 31:12) y le pidió que supervisara la construcción del tabernáculo en el desierto y su mobiliario. Esta era, sin duda, una asignación importante, porque el tabernáculo iba a ser el lugar donde habitaría la presencia de Dios: «Lo he llenado del Espíritu de Dios, de sabiduría, inteligencia y capacidad creativa para hacer trabajos artísticos en oro, plata y bronce, para cortar y engastar piedras preciosas, para hacer tallados en madera y realizar toda clase de artesanías» (Éxodo 31:3-5). ¿Qué empresario no querría tener en su organización a personas con las capacidades de Bezalel? Pero Bezalel no tenía únicamente capacidades artísticas y artesanales sino también aptitudes para movilizar y formar a otras personas.

Formando un equipo. Bezalel no construyó el tabernáculo en solitario. El Señor designó a Aholiab como hombre de confianza para ayudarle. Por otra parte, Bezalel desarrolló un amplio equipo de hábiles artesanos. «Dios les ha dado a él y a Aholiab [...] la habilidad de enseñar a otros. Los ha llenado de gran sabiduría para realizar toda clase de artesanías, diseños y recamados [...] hábiles artesanos en toda clase de labores y diseños» (Éxodo 35:34-35). Es importante observar que, aunque Dios había dado capacidades a estos artesanos, estos seguían necesitando formación. También nosotros haremos bien en reconocer los dones que Dios imparte a las personas, pero debemos también ayudarles a desarrollar tales capacidades.

Mientras que Bezalel asumía la responsabilidad personal de realizar el arca del pacto (37:1), que albergaría las tablas de piedra con los Diez Mandamientos, otros se dedicaban a construir una mesa recubierta de oro, el propiciatorio, los querubines y el candelabro de oro puro trabajado a martillo. Realizaron cortinas de fino lino torcido y cordón, el altar de madera de acacia, las vasijas y utensilios de bronce, vestiduras sacerdotales de oro, cordón y lino fino, y el pectoral con sus piedras exquisitas (Éxodo 25—28). ¡Qué gama tan amplia de habilidades eran necesarias!

No cabe duda que, además de una serie de capacidades, estos artesanos llevaban también consigo sus temperamentos. Hablemos de un equipo deportivo, una unidad militar o una banda de marcha, desarrollar un buen equipo significa reunir a personas con distintas capacidades y temperamentos y ponerlas a trabajar hacia una meta común. Esta variedad es un activo, no una carga, siempre que la dinámica del equipo sea de respeto y apoyo mutuo y haya un deseo de aprender unos de otros.

Con 250.000 empleados por todo el mundo, Tyco International está ahora intentando reconstruirse tras el terrible periodo en que su ex CEO, Dennis Kozlowski, llevó a la empresa al borde del abismo. Eric Pillmore, uno de los nuevos miembros del equipo ejecutivo de la compañía, dijo en una reciente reunión que, como sucede en la mayoría de compañías que fracasan, el anterior equipo de dirigentes de Tyco estaba formado por personas serviles que se dejaban llevar ciegamente por el CEO. Este esquema, afirmó Pillmore, ha propiciado algunos de los episodios más terribles de avaricia y corrupción de la historia empresarial de los Estados Unidos. En radical contraste, Pillmore sigue diciendo que «se espera que los actuales miembros del equipo de Tyco sean abiertos y francos en su forma de comunicarse entre sí y se les evalúa, en parte, por este aspecto. Nuestro nuevo liderazgo entiende que la diversidad de dones en un equipo que funciona, puede ayudar a resolver complejos problemas y a conseguir elevadas metas». Trabajando juntos, el nuevo equipo de Tyco está en el buen camino para conseguir la recuperación de esta enorme compañía. Para beneficio de sus empleados, acreedores y las comunidades donde están ubicados, los gestores de Tyco han evitado el triste desenlace de Enron, que acabó bajando las persianas con la pérdida de miles de puestos de trabajos.

Continuidad cultural. Moisés no minimizó la importancia de esta continuidad cultural. Él sabía que la singular cultura del pueblo hebreo podía perderse fácilmente, y por ello ejemplificó y enseñó normas elevadas: «Grabaos estas palabras en el corazón y en la mente [...] Enseñádselas a vuestros hijos [...] obedeced todos estos mandamientos que os doy, y amad al Señor vuestro Dios, y seguid por todos sus caminos y [sed] fieles» (Deuteronomio 11:18.19.22). Lo que estaba en juego era el carácter y la reputación de las familias y tribus y, en última instancia, la supervivencia, incluso, de toda la nación hebrea.

Conseguir «una continuidad cultural» —poner de acuerdo a todo el mundo— ha sido uno de los principales retos de nuestra compañía a medida que íbamos creciendo. Hubo un tiempo en que podíamos asumir que las personas que contratábamos venían con ciertas cualidades esenciales de carácter como honestidad, puntualidad y buenos hábitos de trabajo. Pero, hoy, no podemos ya suponer estas cosas. Muchas veces las fuerzas sociales que influyen las cualidades personales son diametralmente opuestas a nuestro entorno basado en valores. Por ello, los dirigentes de nuestras empresas han asumido un importante compromiso con la enseñanza y la formación como una forma de transmitir nuestras expectativas y normas, y de mantener nuestra cultura colectiva: un propósito esencial de la hoja de ruta empresarial, que antes hemos mencionado.

Tyco ha hecho un tremendo trabajo para remodelar y transmitir un acercamiento basado en valores y ha realizado enormes cambios culturales y organizativos en sus empresas. Han desarrollado un «pasaporte» que explica claramente las normas éticas que orientarán a la compañía, y han establecido como una importante prioridad de sus dirigentes por todo el mundo ajustar el pensamiento y conducta de todos los empleados a las nuevas directrices. Pillmore afirma: «Es un enorme reto, pero increíblemente gratificante, ver que las personas conforman su conducta a las elevadas expectativas y normas de la empresa».

Sucesión. La mayoría de nosotros no pensamos en nuestros sucesores. Pero, para cualquier organización, la cuestión de la sucesión es una cuestión importante a que los dirigentes deben prestar atención. De hecho, Peter Drucker, el famoso consultor para la gestión, dijo que la sucesión es el último gran reto del consejo de administración. En el último capítulo de su vida, Moisés pensó mucho en su sucesor. Entendía que lo que estaba en juego era el destino de la nación. Moisés había preparado a Josué, un hombre más joven, y llegado el momento, le comisionó: «Entonces Josué, hijo de Nun, fue lleno del espíritu de sabiduría, porque Moisés puso sus manos sobre él» (Deuteronomio 34:9). El libro de la Biblia que lleva su nombre da fe de que Josué fue un excepcional sucesor de Moisés, que llevó las riendas de la nación y que, tras más de cuatrocientos años, les estableció en la tierra que Dios les había prometido.

Lo ideal sería que la planificación de la sucesión comenzara mucho antes de la transición. Lo que sucede en muchas empresas, grandes y pequeñas, es que, a menudo, la sucesión se gestiona mal. Poner en el liderazgo a la persona equivocada, puede desmoralizar radicalmente al personal e incluso poner en peligro a la empresa. Sorprendentemente, la solución que, a menudo, se encuentra a corto plazo para resolver el problema es traer de vuelta al dirigente que se había jubilado para estabilizar la empresa hasta encontrar un sucesor adecuado. La sucesión fracasa también cuando se pospone demasiado tiempo, debido quizá a que un dirigente se resiste a soltar las riendas y se aferra al cargo. También esto puede desmoralizar a los dirigentes potenciales más jóvenes.

Una sucesión inteligente, no solo preservará las mejores cualidades de la organización, sino que también preparará el terreno para la clase de progreso que introducirá una nueva forma de pensar y una nueva energía. Esto es lo que veo que sucede en nuestra compañía bajo su nuevo liderazgo, a medida que nuestro hijo Kevin forja un nuevo equipo y emprende nuevas vías de crecimiento, al tiempo que se aferra tenazmente a los valores que ambos consideramos importantes.

Del traspaso de liderazgo entre Moisés y Josué, podemos aprender que un piadoso acercamiento a la sucesión puede ser muy gratificante, pero requiere oración ferviente, atención para ver dónde está obrando Dios, consejo y supervisión, una concienzuda planificación y saber escoger el momento adecuado.

Booz: un modelo de preocupación por los demás

Imagínate que has decidido vender el negocio familiar y que has comenzado la búsqueda de un nuevo propietario o gerente. Naturalmente, la persona en cuestión tendrá que tener buenas capacidades de liderazgo, pero lo que buscarás especialmente es que tenga don de gentes, que pueda relacionarse bien con empleados, proveedores etc. ¿Hay algún compañero bíblico que personifique a la clase de dirigente que necesitas para esta tarea?

Conozcamos a Booz. Oculto en el libro de Rut, se nos presenta a Booz como un rico propietario; alguien que gozaba del reconocimiento de su comunidad. Cuando llega a sus tierras, Booz saluda a sus segadores. ¡Y qué saludo! «—¡Que el Señor esté con vosotros! —¡Que el Señor te bendiga!—respondieron ellos» (Rut 2:4). Es fácil, en vista de todo esto, imaginar a Booz con una atractiva sonrisa y captar el sincero cariño que siente por sus segadores y el que ellos le tienen a él.

Personalmente, me encanta visitar las fábricas. Mis anfitriones suelen estar deseosos de mostrarme el equipo de producción, los sistemas y procesos, y las instalaciones. Siempre me alegra ver que estos importantes elementos funcionan bien. Pero mi interés principal son las personas. ¿Se les valora correctamente? ¿Hay una buena dinámica de comprensión mutua? Mientras recorremos los pasillos y miramos la maquinaria, me gusta observar si hay contacto visual con los trabajadores, un indicador de reconocimiento y aprecio. A menudo no lo hay, lo cual me lleva a preguntarme si se les considera casi como elementos secundarios. La forma en que se trata a las personas es uno de los criterios más importantes de un liderazgo efectivo y un sutil pero confiable indicador del verdadero éxito de una empresa. Todas las personas de una organización quieren saber que se les valora de verdad, y si es así van a estar deseosas de contribuir de formas extraordinarias.

El talante de Booz contrasta con el de algunos dirigentes de nuestro tiempo. Él era cálido, atento y compasivo, alguien que «no ha dejado de mostrar su fiel amor hacia los vivos y los muertos» (Rut 2:20). ¡Qué palabras tan apropiadas para este singular dirigente, y qué compañero de viaje tan especial para nosotros! Si estuviera buscando a un futuro dirigente empresarial, me encantaría encontrar a alguien con el perfil de Booz.

Iguales que nosotros

De hecho, Noé, Moisés, Bezalel y Booz no eran muy distintos de ti y de mí. Inicialmente pasaron años de sus vidas en tareas aparentemente comunes y corrientes: cuidar ovejas, cultivar la tierra, distintos trabajos artesanos. Pero estaban «en la escuela»: aprendiendo a tratar con personas, a superar dificultades y a vencer dudas y temores. Cometieron errores. Sin embargo, lo que les capacitaba de manera singular para asumir posiciones de mayor confianza e influencia no era su talento. Cada uno de ellos había desarrollado un vínculo profundo y permanente con Dios, y este es el singular reto de todos los que hemos sido llamados al ámbito laboral.

Como hemos visto, Noé «contaba con el favor del Señor» (Génesis 6:8). Moisés se sentía sobrecogido delante de Dios: «¿Quién se te compara en grandeza y santidad? Tú, hacedor de maravillas, nos impresionas con tus portentos»

(Éxodo 15:11). Dios apreciaba a Booz y a Rut, y les dio el honor de ser abuelos de David, situándoles directamente en la línea de la que procedía el Salvador (Rut 4:17). De hecho, la Escritura les elogia por su fe (Hebreos 11:12).

Este es el gran estímulo que nos aportan sus vidas. Para tener éxito como cristianos en el mundo de los negocios, vamos a necesitar algo más que una serie de habilidades. No se trata únicamente de poseer un carácter confiable, ser diligentes en nuestro trabajo o tener dotes de liderazgo y organización, aunque estas son cosas importantes. El éxito requiere, en última instancia, una firme determinación de servir fielmente a Dios y complacerle.

Los pioneros que hemos considerado hasta ahora nos ayudan a saber que esto es completamente posible: podemos cultivar corazones para Dios, aprender lo que le agrada y mantener la confianza de que nos guiará exactamente por los caminos que ha trazado para nosotros. ¡Quién sabe qué «hazañas» tiene en mente para cada uno de nosotros!

4

Sabiduría bíblica para nuestro tiempo: David y Salomón

Si aprendemos a adorar a Dios en las circunstancias difíciles, él las alterará en dos segundos, cuando así lo decida.
Oswald Chambers

David Pugh tenía un dilema. Como director de una empresa distribuidora de productos industriales de la Bolsa de Nueva York valorada en 1,6 mil millones de dólares, su reto era el siguiente: él y los altos cargos de la compañía tenían criterios completamente distintos sobre la estrategia de precios. Cuando se dio cuenta de esta situación, comenzó a sentir una gran urgencia por rectificar esta discrepancia.

Durante varias semanas, sus superiores se habían reunido con sus principales proveedores, que les habían advertido reiteradamente que sus precios iban a subir. Esto iba a reducir significativamente las ganancias de la empresa, precisamente en un momento en que iban a experimentar una mejoría económica sostenida por primera vez desde hacía muchos años. La cuestión era si estos incrementos de los proveedores podían trasladarse a los precios de venta. Los clientes se habían acostumbrado a esperar reducciones de precios, no aumentos.

La preocupación de David era que la comunicación normal con sus superiores no les había permitido hacer acopio de la energía suficiente para las difíciles decisiones que había que tomar. ¿Cómo podía resolver el atasco que parecía empeorar cada día? Incluso él se sorprendió con la forma en que le llegó la dirección de Dios.

En su lectura diaria de Proverbios durante el desayuno, las palabras de 20:4 parecían querer salirse de la página: «El perezoso no labra la tierra en otoño; en tiempo de cosecha buscará y no hallará». Mientras pensaba al respecto, se dio cuenta de que este versículo sobre la directa relación entre labrado y cosecha se aplicaba específicamente a su dilema. En aquel mismo momento, escribió un recordatorio para sus superiores, citando este pasaje. La nota se titulaba: «En cuanto a la subida de los precios: "¡manos al arado!"» (David me ha dado permiso para poner este extracto de su nota).

¡Qué imagen literaria tan apropiada, perfeccionada, además, por la concisión! La Biblia dice mucho sobre el perezoso, nada de ello bueno. En su momento, me hizo pensar en nuestra posición actual sobre transmitir al mercado las subidas de precio que nuestros proveedores nos aplican y aplicarán a nosotros. ¿Estamos labrando ahora? Si no es así, la cosecha será escasa.

No pretendemos aprovecharnos injustamente de nadie ni de ninguna situación. En el pasado, queriendo esforzarnos, erróneamente, por ser más amables, no subíamos los precios cuando era el momento. Esto hizo que nos situáramos por detrás de nuestros competidores en la consecución de márgenes aceptables. No debemos permitir que esto vuelva a suceder.

Hemos trabajado demasiado y llegado demasiado lejos, como para soportar el dolor de volver ahora atrás. Para todos nosotros, ahora es el momento de labrar. ¡No queremos una cosecha escasa para este equipo!

La compañía siguió adelante con renovada convicción, se llevaron a cabo las necesarias correcciones en los precios, y se mantuvieron los márgenes. En el momento que escribo esto, el valor de mercado de la empresa de David ha crecido en un 40% desde que tomaron esta valiente decisión. La sabiduría del libro de Proverbios, escrito miles de años antes, había sido la forma en que Dios había guiado al director ejecutivo de una gran empresa y a sus superiores.

En este capítulo consideraremos el ejemplo de dos «directores ejecutivos» —reyes, de hecho, en su tiempo— que tuvieron que afrontar algunas de las mismas cuestiones que enfrentamos nosotros en nuestro trabajo. Me refiero a David y a su hijo Salomón. Ambos se cuentan entre los dirigentes más influyentes de todos los tiempos. Hay cinco libros de la Biblia que nos dicen mucho sobre su historia: 1 y 2 de Samuel, 1 de Reyes y 1 y 2 de Crónicas. Por otra parte, leemos muchas de sus reflexiones en los libros de Salmos, Proverbios, Eclesiastés y Cantar de los Cantares. La influencia de David y Salomón sigue siendo manifiesta siglos después.

David: llamado a ser rey

En nuestro primer encuentro con David, le encontramos como el muchacho escogido por el profeta Samuel —tras desestimar a sus siete hermanos mayores—, para que sea el próximo rey de Israel. Aunque *a priori* parecía el candidato menos probable, era claramente el que el Señor había escogido. Samuel debía recordar que, aunque Dios llama a ciertas personas a desarrollar tareas específicas, no lo hace según nuestros criterios más generalizados: «No te dejes impresionar por su apariencia ni por su estatura, pues yo lo he rechazado. La gente se fija en las apariencias, pero yo me fijo en el corazón» (1Samuel 16:7). ¡Este no es un mal consejo para quienes nos planteamos cuáles han de ser nuestras pautas para la contratación!

J. Lee Gwaltney, un director de marketing de Virginia, me preguntó recientemente: «¿Llama acaso Dios a las personas a una carrera, profesión o empresa específica?». La mayoría de nosotros estaríamos de acuerdo en que Dios puede llamar a personas al ministerio o tareas eclesiales, pero nos sentimos menos seguros cuando se trata de otras vocaciones. El hecho de que, por medio del profeta, Dios seleccionara a David para que fuera rey de Israel debería ser de ánimo para el Sr. Gwaltney y para todos nosotros. No hay duda de que Dios no solo nos llama a ocupaciones de carácter espiritual, sino también al liderazgo político, como a David, y a cualquier otro ámbito laboral que sea digno. Como dice un amigo mío, ¡puedes ser un «fontanero ordenado»!

Dios había estado obrando en la vida de David, desde su juventud, para forjar las cualidades de carácter que iba a necesitar después. Cuando Samuel conoció a David, éste había ya demostrado valentía como guerrero y habilidades en el ámbito de la música. En varios momentos, estas cosas se convirtieron en sus profesiones o «llamamientos». Cuando tenía treinta años, el joven pastor, músico, poeta y guerrero, se había convertido en rey.

Un corazón según Dios

Aun cuando era ya un poderoso monarca, David seguía decidido a vivir cerca de Dios: «Entonces el rey David entró y se sentó delante del Señor» (2Samuel 7:18. Cf. *La Biblia de las Américas*). Esto no era algo esporádico en la vida de David, sino más bien un estilo de vida. Siempre me pregunto si esta absoluta devoción de David al Señor no sobrepasa el valor de sus muchos dones y enorme talento, y es la principal razón de su éxito como el rey más extraordinario de Israel.

El profundo anhelo que tenía David de mantener una relación íntima y permanente con su Padre se hace especialmente evidente en los Salmos. Para David, esta relación era primordial e iba mucho más allá de la mera comprensión y aplicación de los principios. Algunos ejemplos:

Crea en mí, oh Dios, un corazón limpio, y renueva la firmeza de mi espíritu (Salmo 51:10).

Me agrada, Dios mío, hacer tu voluntad; tu ley la llevo dentro de mí (Salmo 40:8).

Yo te busco con todo el corazón; no dejes que me desvíe de tus mandamientos. En mi corazón atesoro tus dichos para no pecar contra ti (Salmo 119:10-11).

¡Cuánto te amo, Señor, fuerza mía! (Salmo 18:1).

Pero yo confío en tu gran amor; mi corazón se alegra en tu salvación (Salmo 13:5).

Inclino mi corazón a cumplir tus decretos para siempre y hasta el fin (Salmo 119:112).

Por encima de cualquier otra cosa, David, tenía un corazón según Dios.

Un desvío desastroso

Tristemente, este hombre que amó al Señor con tanta pasión, cometió también errores muy graves, errores semejantes a los que a menudo atormentan a los ejecutivos modernos. En un trágico momento de debilidad David inició una relación adúltera con Betsabé, la esposa de uno de sus comandantes (2Samuel 11). Este incidente se produjo cuando David, de manera desacostumbrada, se quedó en su palacio mientras que su ejército iba a la guerra. Dicho con sencillez, David estaba en el lugar equivocado y le era, por tanto, imposible hacer lo que debía y posible hacer lo que no debía. Esto es de por sí una lección. Hemos de poner empeño en estar en nuestro lugar, tomando en serio nuestras responsabilidades.

La pasión de David por Betsabé le llevó, después, a tramar un complejo plan para hacer que su marido muriera. A Dios, le desagradaron tanto estas transgresiones que envió al profeta Natán para que reprendiera al rey. En un repaso de todo lo que Dios había hecho para bendecir a David, Natán le dijo conmovedoramente: «Y por si esto hubiera sido poco, te habría dado mucho más. ¿Por qué, entonces, despreciaste la palabra del Señor haciendo lo que me desagrada?» (2Samuel 12:8-9).

Hubo consecuencias. Siempre las hay. El primer hijo de David y Betsabé, murió a los pocos días de nacer y, como predijo el profeta Natán, su familia experimentó desgracias durante el resto de su vida.

¿Qué podemos aprender de la transgresión de David? En primer lugar, hemos de captar y agradecer la transparente honestidad de la Escritura. Si el historiador hubiera sido yo, quizá hubiera borrado discretamente este capítulo de la vida de David. A fin de cuentas, ¡David había conseguido tantas cosas! ¿Por qué sacar a la luz estos trapos sucios? Pero este relato está ahí con un propósito. Las caídas de otras personas son un ejemplo y una advertencia para nosotros (ver 1Corintios 10:113). Este trágico error de David me recuerda que, aunque consiga muchas cosas, si no voy con cuidado, todos mis éxitos pueden verse eclipsados por un pecado de inmoralidad.

Una de mis principales metas es acabar mi vida con fuerza espiritual. No creo que esto sea algo que conseguiré de todos modos, consciente de que soy vulnerable a la tentación. Hace algunos años Billy Graham dijo que prefería que Dios le quitara la vida antes que ser infiel a su esposa Rut. ¡Esta afirmación me abrió los ojos! Más adelante escuché decir algo parecido a Bill Bright, fundador de *Campus Crusade for Christ*, en relación con su compromiso con su esposa Vonette. Personalmente, he hecho mío este compromiso y se lo he expresado a Wendy. Lo veo como una importante salvaguarda, que me ayudará a protegerme de mí mismo y que, confío, traerá equilibrio a mis días.

Otra lección que aprendemos de este periodo de la vida de David es que, en medio de su dura disciplina, Dios le extiende también su gracia cuando se acerca a él profundamente arrepentido. La confesión de David fue tan contundente como engañoso había sido su pecado: «¡He pecado contra el Señor!» (2Samuel 12:13); «Yo reconozco mis transgresiones; [...] Contra ti he pecado, solo contra ti» (Salmo 51:34). Debemos cobrar ánimo en el sentido de que, igual que Dios perdonó a David, por amargo que sea nuestro pecado, nuestro Padre celestial nos ama, escucha y perdona cuando se lo pedimos.

Varios siglos más tarde, el apóstol Pablo pondría una inscripción redentora sobre la vida de David: «Ciertamente David, después de servir a su propia generación conforme al propósito de Dios, murió» (Hechos 13:36). ¡Qué consuelo saber que, a pesar de sus pecados, el legado de David es que sirvió conforme a los propósitos de Dios! ¡No me importaría que este fuera el epitafio de mi lápida!

Salomón: sabiduría para nuestro tiempo

David y Betsabé tuvieron un segundo hijo, al que llamaron Salomón. (Observemos esta tangible evidencia del perdón de Dios para David). Salomón sucedió a David como rey. Salomón nos ha legado algunas de las reflexiones más claras y específicas sobre el trabajo, la economía, el comercio, las relaciones personales y la sabiduría práctica. Una vez escuche decir a un orador: «¡Si quieres aprender a gestionar tu negocio, toma una Biblia y lee el libro de los Proverbios!». En mi carrera empresarial, he podido constatar que se trata de un consejo muy saludable.

Salomón obtuvo su sabiduría mediante una petición directa a Dios: «Yo te ruego que le des a tu siervo discernimiento para gobernar a tu pueblo y para distinguir entre el bien y el mal» (1Reyes 3:9). Dios le concedió esta petición, y la sigue concediendo en nuestro tiempo, como hemos visto en el caso de David Pugh. Como dice Santiago en el Nuevo Testamento, «Si a alguno de vosotros le falta sabiduría, pídasela a Dios, y él se la dará, pues Dios da a todos generosamente sin menospreciar a nadie» (Santiago 1:5). Dios es la fuente de toda sabiduría.

Sabiduría proverbial

Mientras que David me inspira por su increíble relación con el Señor, Salomón influye en mi vida empresarial por la permanente sabiduría que ha comunicado en el libro de Proverbios. Ahí van algunos ejemplos dignos de reflexión, palabras que debes escribir «en el libro de tu corazón» (Proverbios 3:3).

> Confía en el Señor de todo corazón, y no en tu propia inteligencia. Reconócelo en todos tus caminos, y él allanará tus sendas (3:5-6).
> Porque el Señor estará siempre a tu lado (3:26).
> Dichosos los que me escuchan y a mis puertas están atentos cada día, esperando a la entrada de mi casa. En verdad, quien me encuentra, halla la vida y recibe el favor del Señor (8:34-35).
> Quien se conduce con integridad, anda seguro (10:9).
> El que con sabios anda, sabio se vuelve (13:20).
> La victoria se alcanza con muchos consejeros (24:6).

El corazón del hombre traza su rumbo, pero sus pasos los dirige el Señor (16:9).

Adquiere la verdad y la sabiduría, la disciplina y el discernimiento, ¡y no los vendas! (23:23).

Estas son poderosas ideas, conceptos que te cambian la vida y que contrastan marcadamente con la «sabiduría del mundo». Consideremos Proverbios 3:26 como ejemplo: «Porque el Señor estará siempre a tu lado».

Piensa en todas las formas en que las personas intentan reforzar la confianza en sí mismas y en otras personas, desde discursos motivadores hasta píldoras o compras. Lo que necesitan realmente es al Señor. Él no solo nos da confianza, sino que es nuestra confianza.

La petición de sabiduría puede ser nuestra oración más importante en el ámbito laboral. La mayoría de nosotros batallamos cada día con cuestiones que desafían la «sabiduría convencional». Necesitamos otra clase de sabiduría, la que procede de arriba, ¡y sorprendentemente Dios se deleita en impartírnosla! A menudo —aunque posiblemente no lo suficiente—, le he presentado al Señor una desconcertante situación pidiéndole su sabiduría, y me ha sorprendido recibir una nueva idea o perspectiva sobre el asunto.

El cliente competidor

En nuestra empresa experimentamos, hace algunos años, un ejemplo práctico de este tipo sabiduría de parte de Dios. Puesto que nuestra empresa fabrica un producto en el que interviene mucha ingeniería, nuestra tecnología, aunque poco protegida por patentes, es importante para nuestro éxito. Por ello, nos sentimos muy desconcertados cuando supimos, de manera bastante casual, que uno de nuestros mayores clientes había copiado nuestro producto. Tenían toda la intención de competir con nosotros. ¡Creedme que pedimos sabiduría a Dios!

No había una forma obvia de manejar la situación. Estaba claro que el problema no se resolvería bajándole el precio a aquel cliente. La distancia entre nuestro precio y su coste de fabricación era demasiado amplia. Por otra parte, por una cuestión de equidad, cualquier ajuste de precio que hiciéramos con ellos deberíamos aplicarlo también a nuestros demás clientes. Consideramos otras opciones, pero no había manera de encontrar una respuesta satisfactoria. Aunque nos sentíamos completamente frustrados, sabíamos que la gestión de aquel problema era de importancia primordial. Decidimos que íbamos a comportarnos íntegramente, como profesionales. Incluso haríamos todo lo posible por salvar una relación clientelar que habíamos tardado décadas en desarrollar.

Pasaron algunas semanas, durante las cuales pedimos fervientemente a Dios que nos diera sabiduría. Entonces, un día, sentado en el salón de un amigo, en el sur de Inglaterra, durante mi tiempo devocional, un pasaje de la Escritura me vino a la mente de un modo bastante inesperado. Se trataba de unas palabras que Moisés dirigió a los exiliados de Egipto cuando estaban ante el colosal obstáculo del Mar Rojo: «Mantened vuestras posiciones, que hoy mismo seréis testigos de la salvación que el Señor realizará en vuestro favor» (Éxodo 14:13). Aunque no veía ninguna forma concreta de solución, este versículo me dio el primer indicio de esperanza en el sentido de que el Señor iba, de algún modo, a «abrir las aguas». La cuestión era si yo iba a poder «mantener la posición» el tiempo suficiente para que esto sucediera.

Habíamos programado una reunión con los altos cargos de la empresa en cuestión para hacernos una idea más completa, antes de tomar una decisión. Aunque habíamos batallado durante algunos meses con este dilema, no teníamos todavía un plan específico, solo un reconfortante versículo bíblico de dieciocho palabras. No fue hasta la tarde antes de la reunión que se nos ocurrió una posible solución. Fue durante una conversación con Kevin, nuestro hijo mayor, en la etapa final de un largo viaje en automóvil. Pero seguíamos teniendo dudas. Si aquella incipiente idea era realmente una respuesta a la oración, ¿estaría nuestro ambicioso cliente de acuerdo con ella? Algunos de nuestros ejecutivos se reunieron por la noche para orar, encomendando todo el asunto al Señor.

La mañana siguiente, cuando nos sentamos con los representantes de nuestro cliente en la sala de reuniones se respiraba tensión.

Tras las normales frases preliminares, dijeron: «Bien, ¿qué sugieren, entonces?».

No sabía cuál esperaba que fuera nuestra respuesta. Parecíamos encontrarnos en una situación sin salida. Respiré profundamente. «Lo que estamos dispuestos a hacer es esto —dije—: queremos compraros vuestro sistema de producción —costes de diseño, mecanizado, todo—, y este es nuestro precio de oferta».

Se sentaron en silencio, anonadados. «¿Habláis en serio?», preguntaron finalmente.

«Completamente», respondí. «Por otra parte, queremos que firméis un acuerdo de suministro a largo plazo con una cláusula de no competencia».

Tras una pausa, dijeron: «Reunámonos en privado, por favor». Veinte minutos más tarde, pidieron una nueva reunión. Las siguientes palabras que hablamos trazarían el rumbo de nuestra relación durante varios años. Si no hubieran aceptado nuestra oferta, hubiéramos tenido que desacelerar la producción y reducir la plantilla. Por otra parte, si hubieran tenido éxito fabricando y vendiendo su propio producto, otros clientes podrían haber seguido su ejemplo, poniendo todavía más en jaque nuestro negocio.

Cuando volvimos a la reunión, dijeron simplemente: «Aceptamos vuestra oferta».

Yo daba una apariencia de serenidad y normalidad, ¡pero por dentro gritaba: «Amén»!, mientras una ráfaga de energía me recorría, de pies a cabeza. Nos comprometimos en un nuevo vínculo comercial, conseguimos el producto que habían desarrollado y seguimos como proveedores, sin perder apenas el ritmo.

El Señor nos dio una palabra de sabiduría que nos emplazaba, primero a esperar, a no estar ansiosos sino confiados, y después a seguir una estrategia específica: «Comprar su sistema de producción». Esta estrategia llegó en el último minuto. Es algo que sucede muchas veces. ¡Qué recordatorio de mi necesidad de depender de él, para buscarle por la sabiduría que necesitamos, tanto en pequeños detalles como en las grandes decisiones!

¿Cómo acabó Salomón?

Una nota de advertencia antes de dejar a Salomón: Dios le había bendecido más que a ningún otro ser humano. De hecho, cuando la reina de Saba le visitó y vio todo lo que el Señor había hecho, exclamó: «Pero en realidad, ¡no me habían contado ni siquiera la mitad! Tanto en sabiduría como en riqueza, superas todo lo que había oído decir» (1Reyes 10:7). La fama de Salomón se extendía hasta los confines del mundo conocido en aquel tiempo: «Todo el mundo procuraba visitarlo para oír la sabiduría que Dios le había dado» (1Reyes 10:24). Pero la sabiduría, las riquezas y la fama no fueron una salvaguarda que le impidiera tropezar, y tampoco lo serán para nosotros.

Como sucede con muchos grandes líderes, hubo un «pero» en la vida de Salomón que iba a definir su vida. «*Ahora bien* [...] el rey Salomón tuvo amoríos con muchas mujeres moabitas, amonitas, edomitas, sidonias e hititas, todas ellas mujeres extranjeras» (1Reyes 11:1, cursivas del autor). Y con estas mujeres extranjeras, vinieron también sus dioses. Esta fue una clara ofensa para el Señor, una flagrante violación del primer mandamiento por parte de Salomón: «No tengáis otros dioses fuera de mí» (Éxodo 20:3). Dios había sido muy directo con Salomón sobre este asunto: «No os unáis a ellas, ni ellas a vosotros, porque ciertamente desviarán vuestro corazón para que sigáis a otros dioses» (1Reyes 11:2). Trágicamente, esto es exactamente lo que sucedió: «En efecto, cuando Salomón llegó a viejo, sus mujeres le pervirtieron el corazón de modo que él siguió a otros dioses, y no siempre fue fiel al Señor su Dios como lo había sido su padre David» (11:4). Las consecuencias fueron desastrosas para Salomón, pero necesarias, desde el punto de vista de Dios: «puedes estar seguro de que te quitaré el reino y se lo daré a uno de tus siervos» (11:11).

Esta es una aleccionadora realidad contemporánea: los logros de muchos hombres de negocios excepcionales —personas que comenzaron muy fuertes y consiguieron grandes cosas— se han visto gravemente comprometidos en los últimos años de su trayectoria. En el momento en que escribo esto, la junta directiva de Boeing está pidiendo unánimemente la dimisión de su CEO, que, a sus sesenta y ocho años, se va a ver obligado a concluir precipitadamente su ilustre carrera en la industria aeronáutica. Su destitución no se debe a algo erróneo en su gestión, sino a una relación inapropiada con una ejecutiva de la empresa. Irónicamente, este director ejecutivo había iniciado su empleo en Boeing como paladín de la ética empresarial, y, bajo sus reformas, la compañía comenzó a levantar cabeza después de ciertos escándalos embarazosos.

Es algo que está fuera de cualquier explicación y desafía toda lógica. Estas personas bajan la guardia. Puede que tengan demasiado tiempo libre o una excesiva cantidad de dinero discrecional a su disposición. O puede que sea la sensación de invulnerabilidad que viene a menudo con el éxito. Puede ser también pereza espiritual; indiferencia ante las serias advertencias que nos instan a no «perder el rumbo» (Hebreos 2:1), y a retener «firme hasta el fin la confianza que tuvimos al principio» (Hebreos 3:14). Comentando este versículo, el devocional *Manantiales en el desierto* dice: «El mayor reto cuando recibimos grandes cosas de parte de Dios es mantenernos fieles la última media hora». Aunque esta última media hora no se puede planear, creo que el propósito del Señor es que vivamos de tal forma que, en esta última media hora, nuestra nobleza sea la misma que en cualquier otro momento de nuestra vida.

A Dios le gustaría que nuestros últimos años sean sumamente fructíferos, un periodo de influencia y oportunidades, años en que podamos sintetizar la sabiduría recopilada tras toda una vida, un tiempo en que podamos impartir fortaleza a las nuevas generaciones y administrar sabiamente los recursos que se nos han confiado. En un sentido, estos años son una prueba de todo lo que verdaderamente creemos. El Señor quiere que llevemos la victoria hasta el final. Quiere que acabemos nuestra vida con fuerza espiritual.

Podemos aprender muchas cosas de estos dos «directores ejecutivos», David y Salomón: de sus éxitos y fracasos y del imponente legado de sus escritos inspirados. Estos dos hombres son, sin duda, maravillosos compañeros de viaje, que nos ofrecen la perspectiva de Dios de cómo deberíamos pensar y vivir.

5

Dirigentes de primer orden: Daniel y Nehemías

Dios está preparando constantemente a sus héroes, y cuando llega el momento oportuno, les ubica en su posición en un instante.
Lo hace con tanta rapidez, que el mundo se pregunta de dónde han salido.
A. B. Simpson

Hablar abiertamente conlleva un riesgo. Pero hay situaciones en que una persona de convicciones no debe permanecer callada. Hacerlo implica un riesgo aun mayor, a saber, la violación de la integridad de tal persona. Bill hubo de tomar este tipo de decisión. Su historia ilustra vívidamente el hecho de que alguien que *no* es el director ejecutivo puede ejercer una profunda influencia en su esfera de responsabilidad, y fuera de ella.

Como jefe de división de una empresa listada en el índice 500 de *Fortune*, Bill estaba muy preocupado por los planes de sucesión anticipados para los altos cargos de la compañía. Aunque el hombre que iba a ser heredero había sido cuidadosamente formado para ocupar el cargo de director ejecutivo, éste no había conseguido el respeto de varios ejecutivos veteranos de la empresa, entre los que estaba Bill. Aun así, el relevo parecía inevitable.

Tras mucho examen de conciencia y oración, Bill decidió que tenía que llevar su preocupación al actual director ejecutivo, un hombre enérgico y, a veces, voluble. Bill debió sentirse como Ester, cuando quiso llevar su petición delante del rey: «Me presentaré ante el rey […], por más que vaya en contra de la ley. ¡Y si perezco, que perezca!» (Ester 4:16). Tras convertirse en reina, Ester tuvo conocimiento de una conspiración para dar muerte a todos sus compatriotas judíos. Su tío Mardoqueo la retó a actuar valientemente con las memorables palabras: «¡Quién sabe si no has llegado al trono precisamente para un momento como éste!» (Ester 4:14). Ester intervino con el dramático resultado de que toda la población judía del imperio, desde la India hasta Etiopía, fueron salvados del exterminio.

Para alivio de Bill, la reunión con el director ejecutivo de su compañía fue sorprendentemente bien. Todos los años de eficiente servicio de Bill, mientras iba ascendiendo por los diferentes cargos de responsabilidad de la organización le habían granjeado la admiración de su jefe. Ahora se había sembrado la semilla de que el nuevo líder propuesto podía no ser la persona adecuada para dirigir la empresa en el futuro.

Pero el asunto no estaba, ni mucho menos, zanjado. Sería necesario llevar a cabo más análisis, más reuniones —en algunas habría que tratar asuntos difíciles y Bill tendría que asistir a la mayoría de ellas—, y, por último, la decisión del consejo. En la siguiente reunión del consejo se hizo una votación en la que el candidato no obtuvo la confianza. Con gran valor, gracia y tacto, Bill había dirigido calladamente a su empresa durante la decisión más crítica que tendría que tomar en su transición al siglo XXI. Finalmente, se nombró a otro dirigente, alguien que pudo aportar un importante equilibrio entre competencia, conocimiento de la empresa y buen entendimiento con los demás. En los años siguientes a esta decisión, el nuevo líder ha demostrado ser el director ejecutivo ideal para la empresa.

¿No eres el director ejecutivo?

En mi ministerio en el ámbito laboral, se me pregunta, a menudo, cómo deberían actuar los creyentes cuando no están en posiciones de liderazgo, especialmente cuando quienes están por encima de ellos no comparten sus creencias o valores. Bill es un estupendo ejemplo de una persona así, y merece la pena analizar qué es lo que le permitió ser el instrumento que Dios utilizó para influir el futuro de su empresa.

En primer lugar, Bill se ganó el respeto dentro de su esfera de responsabilidad. De hecho, su sección había llegado a ser la que más solicitudes de empleo recibía de toda la organización. En segundo lugar, Bill se preocupaba por toda la empresa, no solo por su ámbito más directo. Cuando surgió una situación importante, Bill tuvo el valor y el carácter que se requería para decir la verdad, corriendo incluso un riesgo personal. En tercer lugar, se acercó a este difícil deber en un espíritu de oración y con mucho respeto.

¿Nos dan las Escrituras algunas pautas sobre cómo pueden ser eficaces las personas que, como Bill, trabajan para otros? ¡Sin lugar a dudas! En este capítulo, consideraremos dos grandes ejemplos de este tipo de persona: Daniel y Nehemías. Ambos trabajaban para poderosos reyes que entendían poco de su Dios. Ambos sobresalieron cuando tuvieron ocasión de servir: fueron fieles en las «cosas pequeñas». Ambos asumieron grandes riesgos, sabiendo que su responsabilidad última no la tenían delante de los hombres, sino de Dios. Ambos cambiaron el curso de la Historia navegando resueltamente a través de singulares retos que les salieron al encuentro. Y ambos nos ofrecen, también, reflexiones prácticas que podemos aplicar en nuestras situaciones laborales.

Daniel: siervo de reyes

Daniel había sido llevado a Babilonia siendo muy joven, junto con otros cautivos de Judá, durante el mandato del rey Nabucodonosor. Desde el principio de su cautividad, se hizo evidente que Dios tenía importantes planes para él y estaba guiando cuidadosamente su formación como dirigente. Algunos ejemplos: «Dios había hecho que Daniel se ganara el afecto y la simpatía del jefe de oficiales» (Daniel 1:9); «Dios los dotó de sabiduría e inteligencia para entender toda clase de literatura y ciencia» (1:17). Cuando el rey Nabucodonosor tuvo un sueño perturbador y sus consejeros fueron incapaces de interpretarlo, Dios le dio la interpretación a Daniel (capítulo 2).

Tras explicar el sueño del rey, Daniel pasó de una posición de liderazgo a otra más compleja. Ahora era el equivalente a un consejero, analista político y ministro de asuntos exteriores. Había pasado de desarrollar su tarea en una sola administración a hacerlo en tres. Bajo el mandato del rey Darío, Daniel formaba parte de un consejo asesor de tres administradores. De él se dice que se distinguía tanto «por sus extraordinarias cualidades administrativas, que el rey pensó en ponerlo al frente de todo el reino» (6:3). Sus rivales se llenaron de celos y conspiraron para conseguir que Daniel fuera arrojado al foso de los leones. Pero aún allí, Dios estaba con él: «Mi Dios envió a su ángel y cerró la boca a los leones» (6:22).

Me encanta observar los poderosos verbos del texto bíblico que ponen de relieve la iniciativa de Dios en la vida de Daniel: Dios «había hecho que»; Dios «dotó»; Dios «envió». Dios estaba claramente activo en su vida, mostrándole su favor. Otros pasajes de las Escrituras nos ayudan a entender algunas de las razones de este hecho.

En primer lugar, Daniel era una persona de carácter ejemplar, hasta el punto de que sus adversarios no podían encontrar defectos en él: «Sin embargo, no encontraron de qué acusarlo porque, lejos de ser corrupto o negligente, Daniel era un hombre digno de confianza» (6:4). En segundo lugar, Daniel había desarrollado una seria vida de oración: «Allí se arrodilló y se puso a orar y alabar a Dios, pues tenía por costumbre orar tres veces al día» (6:10).

El éxito de Daniel no se debía a un solo factor, sino a una poderosa convergencia de estos tres: su carácter, su dependencia de Dios y la iniciativa divina. Estas cosas definían hasta tal punto la vida de Daniel que hasta el rey reconocía a Daniel como alguien que servía constantemente a Dios (ver Daniel 6:16).

Esta confluencia de carácter, oración e iniciativa divina puede también formar nuestras vidas e influir en nuestro éxito. El carácter es una cualidad que cimentamos por medio de las decisiones que tomamos. La oración es una disciplina que se desarrolla con el uso. Dios toma la iniciativa allí donde encuentra operativos los dos factores anteriores, como lo hizo con Daniel.

¿Te encuentras en una situación difícil? Comienza con un chequeo de carácter. ¿Estás haciendo, a sabiendas, algo que no agrada a Dios? Si es así, sé implacable contigo mismo y corrígelo. ¿Estás comprometido con la oración? La oración era algo tan importante para Daniel, que arriesgó su vida para seguir orando, en contra, incluso, del edicto del rey. Si has hecho tu parte en estas dos áreas vitales —carácter personal y oración—, puedes esperar con expectación que Dios intervenga, al margen de las circunstancias o situaciones.

Esto es lo que Bill descubrió cuando no sabía a dónde volverse. Su carácter firme le hacía apto como instrumento de Dios para enfrentar el espinoso asunto de la sucesión en su empresa. Bill estuvo orando en cada etapa del proceso, y pidió las oraciones de otras personas. Dios intervino en su causa de un modo extraordinario, y lo hará también en tu caso.

Es posible que ni tú ni yo tengamos nunca un papel tan singular como el de Daniel, que ministró al más alto nivel, en múltiples administraciones de poderosos imperios. Pero su historia puede sernos de inspiración en el sentido de que, dondequiera que el Señor nos ponga, podemos servirle de manera fiel y eficiente. Es como si Dios nos estuviera diciendo: «Tú haz tu parte, y yo haré la mía».

Más que un copero

Como en el caso de Daniel, también Nehemías nos ofrece mucho que aprender y aplicar, especialmente su capacidad de tomar decisiones atrevidas, gestionar complejos proyectos y relaciones personales, conseguir metas estratégicas y construir un grupo de leales seguidores. Las lecciones que nos brinda Nehemías son tan relevantes en nuestro tiempo como hace dos mil quinientos años.

El trabajo «secular» que Nehemías desarrollaba en el palacio del rey Artajerjes era discreto, pero requería ser una persona completamente digna de confianza. Como copero real, Nehemías tenía la responsabilidad de controlar estrictamente lo que el rey comía y bebía, puesto que el riesgo de que sus enemigos quisieran envenenarle estaba siempre presente. Una contrapartida moderna de Nehemías sería, por ejemplo, el jefe de la guardia de seguridad de un estado: alguien con acceso permanente al dirigente que está bajo su protección, en quien puede confiarse plenamente, y que, en cualquier momento, está dispuesto a sacrificar su vida por él.

Nehemías estaba desempeñando fielmente su tarea cuando recibió la perturbadora noticia de que su amada Jerusalén estaba en una situación angustiosa y precaria. Su valiente y calculada respuesta ha inspirado a muchos a lo largo de la historia y puede servirnos también de ejemplo a nosotros. Obsérvense los siguientes elementos: su inmediato impulso a orar, su plan de futuro y su firme persistencia en la implementación de su plan.

La inmediata respuesta de Nehemías, tras recibir la noticia, fue humillarse delante del Señor: «Al escuchar esto, me senté a llorar; hice duelo por algunos días, ayuné y oré al Dios del cielo» (Nehemías 1:4). La oración de Nehemías no se centraba esencialmente en él mismo o en la situación de su pueblo, sino en el formidable carácter de Dios: «Señor, Dios del cielo, grande y temible, que cumples el pacto y eres fiel con los que te aman y obedecen tus mandamientos» (Nehemías 1:5).

A continuación, Nehemías reconoció su rebeldía y la del pueblo: «Confieso que los israelitas, entre los cuales estamos incluidos mi familia y yo, *hemos* pecado contra ti» (1:6, cursivas del autor). No se veía a sí mismo por encima del problema, sino como parte de él. (Es reconfortante cuando, ante un problema, los dirigentes dan un paso al frente y asumen la responsabilidad en lugar de desviar la culpa hacia otras personas).

A continuación, Nehemías presentó apasionadamente su petición: «Te pido que a este siervo tuyo le concedas tener éxito y ganarse el favor del rey» (1:11). Nehemías sabía que su éxito dependía de la misericordia y favor de Dios, no de su posición o competencia: un buen recordatorio para nosotros de que, cuando ponemos completamente nuestras cargas sobre el Señor, él nos escuchará y ayudará (Salmo 55:22).

«Gemas» del plan de acción de Nehemías

Llegada la ocasión (es muy importante escoger el momento adecuado), Nehemías presentó al rey su petición. Cuando, súbitamente, el rey le lanzó una pregunta delicada, Nehemías elevó una instantánea petición de ayuda a Dios: «Encomendándome al Dios del cielo, le respondí» (Nehemías 2:4-5). Más adelante, el apóstol Pablo acuñaría la expresión: «Orad sin cesar» (1 Tesalonicenses 5:17). Esto es lo que estaba haciendo Nehemías mientras servía al rey: un probado patrón para nosotros en el sentido de que, la próxima vez que nos encontremos en medio de una conversación o reunión, el Señor puede estar allí con nosotros, a solo una oración de distancia.

Después, Nehemías le pidió permiso para implicarse personalmente en la reconstrucción del muro de Jerusalén: «Si al rey le parece bien [...], te ruego que me envíes» (Nehemías 2:5). Involucrase directamente en las situaciones es una de las marcas distintivas de los grandes líderes. (Recordemos la decisión de David de no ir personalmente a la guerra, y la ilícita relación con Betsabé que propició tal situación). A continuación, Nehemías pensó cuidadosamente y elaboró un plan, lo cual se hizo evidente cuando el rey le preguntó cuánto tiempo iba a necesitar para llevar a cabo su misión y qué precisaría para ella. Nehemías había planeado por adelantado y pudo contestar en detalle la pregunta del rey. (¿Se acerca alguna reunión importante? Pensar detenidamente y de antemano sobre el propósito y programa producirá casi siempre resultados más efectivos).

Este mismo deseo de prepararse concienzudamente para la tarea indujo a Nehemías a explorar el lamentable estado de Jerusalén durante la noche (ver Nehemías 2:11-15). Me sentí intrigado cuando supe que el piadoso general Robert E. Lee había tenido una motivación parecida. Durante la guerra civil, Lee insistió en llevar personalmente a cabo un reconocimiento a caballo en territorio enemigo para intentar comprender de primera mano lo que su ejército iba a encontrarse (H. W. CROCKER, *Robert E. Lee on Leadership*, pág. 135). De igual manera, para los ejecutivos de nuestro tiempo es muy positivo conocer personalmente a clientes o empleados. Personalmente, estoy convencido de que no hay mejor forma de interactuar con la realidad.

Recuerdo una época de mi vida en que el acercamiento de Nehemías a su misión dirigió sutilmente mis esfuerzos por «reconstruir las murallas» en nuestra región del norte de Ohio. Se me había pedido que dirigiera «Lorain County 2020», una coalición formada para abordar algunos problemas sistémicos que obstaculizaban el crecimiento de nuestro condado. Aunque había crecido en Lorain County, sentía que me faltaba una perspectiva amplia. Por ello, mi primer paso fue contratar una avioneta y un piloto, y realizar un vuelo de reconocimiento de nuestra zona durante varias horas para hacerme una idea general de sus principales ciudades, industrias, agricultura, sistemas fluviales y la ribera del lago Erie. Después visité nuestras ciudades y pueblos, analizando las infraestructuras, hablando con la gente y evaluando el activo y pasivo de nuestro condado. Formamos un grupo de líderes, establecimos metas, y durante los años siguientes trabajamos para poner en práctica toda una serie de cambios fundamentales en nuestra necesitada región. Doy gracias por la «plantilla» para la acción comunitaria que nos dejó Nehemías hace miles de años.

Pero no sin oposición

El esfuerzo de Nehemías por reconstruir los muros de Jerusalén se encontró con la inmediata oposición de quienes se burlaban del proyecto y lo ridiculizaban, en un intento de intimidar y desmoralizar a los que trabajaban en él: «Pero, ¿qué estáis haciendo? ¿Acaso pretendéis rebelaros contra el rey?» (2:19). La oposición es una realidad que todos nosotros, pero especialmente los dirigentes, hemos de afrontar en el ámbito laboral. Cualquier buen proyecto encontrará oposición: unas veces desde fuera, otras desde dentro, y, de vez en cuando, desde ambas direcciones. Aunque deben ser sensibles a las preocupaciones de los demás, los dirigentes han de ser resueltos —sin caer en la terquedad y el empecinamiento— para hacer frente a los obstáculos que pretenden agotarnos y distraernos de nuestra misión.

Consciente de que el incesante ataque de los detractores estaba afectando al pueblo, Nehemías actuó con decisión para que tuvieran la necesaria perspectiva: «¡No les tengáis miedo! Acordaos del Señor, que es grande y temible, y pelead por vuestros hermanos, por vuestros hijos e hijas, y por vuestras esposas y vuestros hogares»" (4:14). A veces nuestra postura ha de ser batalladora. La imagen de su forma de trabajar es impactante: «Tanto los que reconstruían la muralla como los que acarreaban los materiales, no descuidaban ni la obra ni la defensa» (4:17).

Evitar la trampa

A pesar de las medidas cautelares que adoptaron Nehemías y sus colaboradores, la oposición siguió, aunque con nuevas tácticas. Esta vez sus detractores pretendían atrapar a Nehemías en una trampa: «Tenemos que reunirnos contigo en alguna de las poblaciones del valle de Ono» (6:2). Pero Nehemías sabía que su plan era hacerle daño. ¡Bien podríamos hacer nuestra su decidida respuesta para contestar a aquello que nos distrae de nuestra misión!: «Estoy ocupado en una gran obra, y no puedo ir» (6:3).

Si lo que tú y yo estamos haciendo es la voluntad de Dios, podemos considerarlo una «gran obra», sea preparar la cena para los niños o diseñar un puente sobre el Amazonas. Hemos de aplicar la decidida respuesta de Nehemías a las muchas formas de oposición que enfrentamos, como la procrastinación, la distracción o el desaliento. Para lograr nuestra meta, no podemos ceder ante todas aquellas molestias que nos apartan de nuestro objetivo.

¡Todo el proyecto de la reconstrucción se llevó a cabo en cincuenta y dos días! Cuando se puso la última piedra se produjo una asombrosa reacción: «Cuando todos nuestros enemigos se enteraron de esto, las naciones vecinas se sintieron humilladas, pues reconocieron que ese trabajo se había hecho con la ayuda de nuestro Dios» (6:16). ¡Qué lección tan impactante! Cuando permanecemos firmes, con nuestra confianza firmemente arraigada en Dios, llega un momento en que nuestros confiados adversarios dan un paso atrás y la victoria es inminente.

Entre nuestros mentores bíblicos que integran fe y trabajo, Nehemías es único. Estaba sujeto a aquel que era tanto su Dios como su jefe. Era espiritualmente maduro, sabio, centrado, decidido y eficiente. Nehemías inspiró a sus seguidores, personas «corrientes», para que consiguieran resultados extraordinarios. Es un honor para todos nosotros contar con un compañero de viaje así.

Los caminos del Señor

Nuestro recorrido por estos compañeros veterotestamentarios comenzó en el capítulo tres con la pregunta: «¿Cuáles crees que son los caminos del Señor que te guían en la toma de decisiones difíciles?». Confío en que algunos de estos caminos se han hecho evidentes al considerar el ejemplo de estos dirigentes bíblicos.

Noé se mantuvo firme ante sus críticos, obedeció al atrevido plan de Dios y contribuyó positivamente a preservar tanto a la raza humana como al reino animal.

Moisés utilizó hábilmente algunos principios de gestión intemporales, para conducir a tres millones de personas desde la esclavitud hasta la libertad.

Bezalel construyó el tabernáculo de Dios usando los dones artísticos y para la artesanía que le habían sido impartidos por el Espíritu.

Booz se destacó como un prominente, pero afectuoso, dirigente que se preocupaba profundamente por las personas.

David estuvo apasionadamente dedicado al Señor como músico, guerrero, poeta y rey.

Salomón sigue iluminando nuestras decisiones diarias con su sabiduría práctica.

Daniel trabajó «secularmente» para varios reyes pero, en realidad, servía al Señor a todo tiempo.

Nehemías reconstruyó los muros de Jerusalén y reanimó a un pueblo descorazonado sirviendo con humildad, en espíritu de oración y con una gran determinación.

Estos, y otros muchos que no se han mencionado, sobresalieron en un contexto de trabajo.

Fueron piadosos estadistas, cuyos ejemplos prefiguran las demandas que, en el ámbito laboral de nuestro tiempo, encuentran constructores, artesanos, dirigentes, «reyes» y siervos del rey. Aunque aparentemente colosales, fueron personas muy humanas. Transitaron por los caminos del Señor, valorando más la obediencia a Dios que la aceptación de los hombres. Se sacrificaron por grandes causas, considerando que su servicio al Señor era más importante que la fama o la fortuna. Como dice el autor de Hebreos, «¡El mundo no merecía gente así!» (Hebreos 11:38).

Estos inspiraron también a nuestros antepasados neotestamentarios: hombres y mujeres que encabezaron la "revolución" más profunda de la Historia y que, como veremos, también participaron profundamente en los negocios y en el comercio.

6

Un Nuevo Pacto: Jesús y sus seguidores

¡Este Dios es nuestro Dios eterno!¡Él nos guiará para siempre!
Salmo 48:14

Cuando vi *La pasión de Cristo*, de Mel Gibson, me sentí fascinado, y puede que a ti te pasara lo mismo. Sobre esta película, Billy Graham afirmó: «Dudo que haya habido jamás una presentación más gráfica y conmovedora de la muerte y resurrección de Jesús».

Una escena retrospectiva de los años de Jesús como carpintero ofrece una breve y alegre pausa, que el espectador agradece, antes de volver a la opresiva representación de las últimas doce horas de la vida del Señor. En el soleado patio familiar, se desarrolla este diálogo entre Jesús y su madre:

María: Jesús, Jesús […], ¿tienes hambre?

Jesús: Sí.

María se acerca para ver en qué está trabajando Jesús.

María: ¡Vaya mesa tan alta! ¿Para quién es?

Jesús: Para un rico.

María: ¿Le gusta comer de pie?

Jesús: No, prefiere comer así.

Jesús apoya los codos en la mesa y se agacha, simulando la posición del comensal.

Jesús: ¡Mesa alta, sillas altas!

María mira alrededor, pero no ve las sillas.

Jesús: Bueno, todavía no las he hecho.

María prueba la postura y simula comer sentada en una silla. Está a punto de caerse y Jesús se ríe de buena gana.

María: ¡Esto nunca va a tener éxito!

María indica a su hijo que la comida está preparada y comienza a caminar hacia el interior de la casa…

María: ¡Ni se te ocurra! ¡Quítate este delantal tan sucio antes de entrar! ¡Y lávate las manos!

María toma un cántaro y derrama un poco de agua sobre las manos de Jesús, y él le devuelve el favor salpicándola, después le da un beso en la mejilla.

Jesús, el carpintero. Las reflexiones acerca de este periodo de la vida de Jesús y la influencia resultante en sus seguidores complementan de manera inconmensurable nuestra comprensión de la idea bíblica de las vocaciones y trabajo. Las exploraremos en breve. Pero consideremos primero algunos importantes conceptos que conectan el Antiguo Testamento y el Nuevo.

El Nuevo Testamento supone tanto una continuación como un alejamiento del Antiguo. Continuación por cuanto el centro de dicha transición es Dios mismo. Esta continuidad se reafirma en un salmo citado en el libro neotestamentario de Hebreos: «pero tú eres siempre el mismo, y tus años no tienen fin» (Salmo 102:27; Hebreos 1:12). El carácter de Dios, sus normas de lo que es bueno y malo, y sus propósitos últimos son cosas inmutables.

Por otra parte, el Nuevo Testamento supone también un alejamiento del Antiguo. Lo que en el Antiguo son proyectos, se cumplen en el Nuevo. En palabras de Jesús: «No penséis que he venido a anular la ley o los profetas [es decir, el Antiguo Testamento]; no he venido a anularlos sino a darles cumplimiento» (Mateo 5:17). Una analogía de Matthew Henry, pastor y comentarista bíblico inglés de principios del siglo XVIII, transmite esta idea de cumplimiento: «Si consideramos la Ley como un recipiente que contenía un poco de agua, Jesús no vino a tirar el agua, sino a llenarlo hasta arriba».

El cumplimiento de la Ley y los Profetas fue solo una de las dimensiones del cambio sísmico que tuvo lugar con la venida de Jesucristo. El libro de Hebreos subraya su supremacía. Cristo es superior a los ángeles, porque éstos le adoran (1:4-6). Es digno de mayor honor que Moisés, puesto que él le creó (3:3). Jesús suple una necesidad que el sacerdocio aarónico no podía suplir, ya que su sacrificio fue único, de una vez y para siempre (7:27). Su ministerio es superior al de la Ley, puesto que actúa como mediador de un mejor pacto (8:6).

Sobre esta singularidad de Jesús, Oswald Chambers hace la siguiente reflexión:

> Jesucristo nació en este mundo, no de él. No fue producto de una evolución de la Historia, sino que entró en ella desde afuera. Jesús no es el mejor de los seres humanos, sino alguien a quién no podemos explicar, de ningún modo, según los parámetros de la raza humana. No es el hombre que llega a ser Dios, sino el Dios encarnado, que viene en carne humana procedente del exterior (*En pos de lo supremo*, 25 de diciembre).

La radical invasión de la historia humana por parte de Jesús prepara el terreno para una nueva proximidad entre Dios y todas las personas. Cristo usó una terminología característica para transmitir este profundo cambio, cuando hablaba del «reino de Dios». Consideremos con mayor detalle este concepto, porque afecta directamente a lo que el Señor espera de nosotros en el nuevo pacto.

El reino de Dios

Las palabras iniciales de Jesús en el Evangelio de Marcos anuncian sus prioridades: «Se ha cumplido el tiempo —decía—. ¡El reino de Dios está cerca!» (Marcos 1:15). En otra ocasión afirmó: «Es preciso que anuncie también a los demás pueblos las buenas nuevas del reino de Dios, porque para esto fui enviado» (Lucas 4:43). Jesús enseñó a sus seguidores a hacer suya su prioridad. En las cuestiones de la vida cotidiana su primera responsabilidad era buscar el reino: «Más bien, buscad primeramente el reino de Dios y su justicia, y todas estas cosas [preocupaciones materiales, trabajo, vocación e incluso detalles como la comida y la ropa] os serán añadidas» (Mateo 6:33).

¿Qué es el reino de Dios? Mi buen amigo Gary Bergel es presidente de *Intercessors for America* (Intercesores por Estados Unidos) y ha pensado bastante sobre esta cuestión. Me gusta la simplicidad de su definición: «El reino de Dios = el alcance de Dios». En otras palabras, a través de Cristo, Dios está alcanzando todas las esferas de la vida con su inmensurable amor, gracia, influencia y autoridad.

En un excelente artículo titulado «A Company? No, More Like a Kingdom» (¿Una empresa? No, más bien un reino), el escritor y editor Al Hsu da un interesante giro a nuestro trabajo en su relación con el reino de Dios:

> A menudo pienso en lo que significa que Jesús es Rey. Él declaró que el reino de Dios se ha acercado. Como cristianos, somos siervos del rey. Y, como en la Edad Media, cada rey necesita obreros para su reino. Algunos son caballeros que protegen a los súbditos. Otros, artesanos, operarios y mercaderes. Algunos labran la tierra. Otros curan a los enfermos. Algunos crían y educan a los jóvenes. Algunos proclaman las noticias del rey. Todas las funciones son importantes para que un reino funcione de manera efectiva y el rey pueda gobernar con justicia. Ningún reino funciona solo (www.thehighcalling.org)

Considero que esta imaginería es muy útil, aunque, a todos nos gustaría, sin duda, dejar atrás ciertos aspectos de los reinos medievales. No obstante, el Rey y el reino del que Jesús habló son realidades. La verdadera cuestión es cómo nos relacionamos con estas realidades.

El puente: de lo antiguo a lo nuevo

Para salvar más completamente el espacio entre lo antiguo, lo nuevo y el reino de Dios, observemos la asombrosa progresión desde el propósito original de Dios, que vemos en el libro de Génesis, hasta su cumplimiento revelado en el Nuevo Testamento.

Relación íntima. Dios creó a los seres humanos para que tuvieran una relación íntima, abierta y confiada con él; una relación en la que pudieran vivir en un obediente y entusiasta servicio a su Creador. Trabajar era una alegría, una parte integral de esa relación; era, de hecho, la primera manifestación del «reino de Dios».

Confianza violada. Adán defraudó la confianza que Dios había depositado en él y, con ello, le partió el corazón. Esta rebelión hacía necesario que Dios alterara radicalmente la relación: «Entonces Dios el Señor expulsó al ser humano del jardín del Edén», y puso a unos querubines para que guardaran el camino al árbol de la vida (Génesis 3:23-24). Pero Dios nunca perdió de vista su deseo original de un reino que funcionara debidamente. De hecho, contestó a la rebelión con un plan de redención: «Pero cuando se cumplió el plazo, Dios envió a su Hijo» (Gálatas 4:4).

Redención. Jesús, el Hijo de Dios, abandonó su regia posición con el Padre, para tomar forma humana como siervo obediente. (Ver Filipenses 2:6-8.) Encarnó, de hecho, muchas de las características del primer «Adán, quien es figura de aquel que había de venir» (Romanos 5:14). Jesús vivió una vida perfecta, venció la tentación a pecar que había resultado fatal para el primer hombre. Su decisivo sacrificio en la cruz abrió, de nuevo, la posibilidad de una relación restaurada con el Padre: «Pues si por la transgresión de un solo hombre reinó la muerte, con mayor razón los que reciben en abundancia la gracia y el don de la justicia reinarán en vida por medio de un solo hombre, Jesucristo» (Romanos 5:17).

Restauración. Durante sus días en la Tierra, Jesús reveló la verdadera naturaleza de su Padre celestial. Para todos los que están dispuestos a ver y oír, él abrió una ventana al reino de Dios, ofreciendo en su propia persona un modelo visible de cómo deberíamos pensar, actuar y seguir «sus pasos» (1Pedro 2:21). Mediante su poderoso ejemplo, Jesús cautivó y vigorizó a sus seguidores; lo hizo con su compasión, su preocupación por los pequeños detalles de sus vidas y su profundo amor.

Aplicación moderna. Muchas personas, también en nuestros días, han recibido la redención que el Señor ofrece de manera tan generosa e inmerecida. Han vuelto a nacer desde un punto de vista espiritual, convirtiéndose en «nuevas criaturas» (2Corintios 5:17). Han hecho suyo, al menos hasta cierto punto, el reino de Dios, aquí y ahora, lo cual incluye su trabajo. Para mí, es una creciente y sorprendente comprensión de que mi redención se cruza con lo que estoy haciendo día a día cuando trabajo en estrecha cooperación con mi Rey.

(Hay una descripción más completa de lo que es la redención y la transformación personal en: www.lifesgreatestquestion.com).

Consideremos ahora a algunos «compañeros de viaje» neotestamentarios. Como en el caso de sus predecesores del Antiguo Testamento, sus vidas y ejemplos pueden informarnos en nuestro esfuerzo por disfrutar de nuestro trabajo y desarrollarlo con excelencia.

Jesús y los obreros

No hay ejemplo bíblico más inspirador sobre maestría en el ámbito laboral que el que encontramos en la vida de Jesús. El historiador Kenneth Scott

Latourette ha observado: «A medida que pasan los siglos, se acumulan las pruebas de que, considerando sus efectos en la Historia, la vida de Jesús sobre este planeta es la más influyente de todos los tiempos. Esta influencia parece ir en aumento» (citado por Josh McDowell en *Más que un carpintero*). Anhelamos el día en que esta influencia llegue a todos los pensamientos, decisiones y dimensiones de la conducta diaria de quienes se esfuerzan en seguirle.

Aunque considero que todas las facetas de la vida de Jesús y legado son fascinantes, y a pesar de que mi devoción por él como Señor crece de día en día, Jesús retiene un especial lugar en mi corazón por sus años de trabajo como carpintero. Sobre el escritorio de mi oficina cuelga un dibujo a carbón de grandes dimensiones como buen recordatorio de este hecho. Una impresionante representación de Jesús como carpintero, de la artista Frances Hook, le muestra desbastando una pieza de madera con un cepillo, su brazo musculado, su mirada concentrada en lo que está haciendo: todo él refleja la excelencia de su oficio.

Durante más de una década, Jesús gestionó un pequeño taller de carpintería. Igual que en nuestras empresas más grandes, Jesús tenía que planear de antemano, comprar materiales, mantener sus herramientas e inventario, gestionar el trabajo de otros operarios, controlar la calidad del producto, contentar a sus clientes y pagar sus impuestos. Jesús realizaba productos de verdad: mesas y sillas, armarios, yugos para labrar con bueyes. Satisfacía necesidades reales.

¿Te imaginas la inmensa satisfacción que Jesús experimentaba en sus tareas, al trabajar, no solo para él mismo, sino para su Padre celestial? Mediante su excelencia en el trabajo estaba no solo aprendiendo y practicando valiosas habilidades para usarlas en el futuro, sino también modelando activamente el reino de Dios y extendiéndolo allí donde se encontraba, entre virutas de madera y serrín, afrontando los retos y recibiendo las recompensas de sus actividades diarias.

La experiencia de Jesús gestionando el taller familiar fue la base de su llamamiento final a ser el Salvador de la Humanidad. Las lecciones que aprendió y las relaciones personales que forjó en el ámbito de su trabajo influyeron en las maneras en que Jesús introdujo sus cambios y transformaciones al necesitado mundo a su alrededor.

Una vez que Jesús comenzó su ministerio activo, se dedicó prontamente a la formación de su círculo de discípulos más cercanos. Jesús se relacionaba con facilidad en el ámbito del trabajo, lo cual influyó quizás en su elección de los Doce, puesto que todos tenían trasfondos en el ámbito laboral de su tiempo.

Su reserva de experiencias dictó probablemente el contexto de sus enseñanzas, con parábolas relativas a sembradores, mercaderes, pescadores y recaudadores de impuestos.

Su ministerio de enseñanza y ayuda, no solo se desarrolló en edificios religiosos, como cabría esperar, sino al aire libre, donde estaba la gente: en las calles, montes y mercados (a menudo, para consternación de los líderes religiosos que consideraban que su «religión» estaba por encima de estos aspectos tan ordinarios de la vida).

La influencia del mercado impregnaba la enseñanza de Jesús. Si recortáramos todas las alusiones a oficios, negocios y comercio, quedaría un simple esqueleto de todo lo que él vino a influenciar y a cambiar.

Iniciando su ministerio desde un contexto laboral, el propósito de Jesús era alcanzar todo el mundo, una misión que trasladaría también a sus seguidores. Su última oración por sus discípulos deja meridianamente claro este enfoque. Dirigiéndose al Padre, Jesús oró: «Como tú me enviaste al mundo, yo los envío también al mundo» (Juan 17:18). Con estas palabras comisionaba a sus seguidores, como agentes especiales, en representación del reino de Dios, enviándoles a un territorio hostil. Aunque experimentarían una feroz oposición, de ellos se decía que «trastornaron el mundo» en la extensión del Evangelio.

La comisión de los discípulos a que fueran «por todo el mundo» no se limitaba a los inmediatos oyentes de Jesús, puesto que, en su oración, siguió diciendo: «No ruego sólo por éstos. Ruego también por los que han de creer en mí por el mensaje de ellos» (Juan 17:20). Si tú y yo somos sus seguidores, Jesús estaba orando por nosotros. Me sobrecoge pensar que el Hijo de Dios, el carpintero de Galilea, no solo nos está enviando, sino que está aquí con nosotros, para ser nuestro compañero de viaje dondequiera que Dios nos mande.

Tres emisarios del mundo del trabajo

Concluyo este capítulo con una consideración de tres «emisarios del mundo del trabajo», procedentes de diversas profesiones. Cada uno de ellos, desde el contexto de su trabajo «secular», contribuyó de formas extraordinarias al crecimiento de la Iglesia primitiva. Les encontramos en el libro de los Hechos, consignados por el médico convertido en escritor llamado Lucas.

A modo de introducción, los primeros seguidores de Cristo aceptaban generalmente que el mensaje del Evangelio tenía que llevarse a sus compatriotas judíos. Era menos evidente que tenía que llegar también a los gentiles, a quienes solía considerárseles como fuera del plan redentor de Dios. A fin de cuentas, si los judíos eran «el pueblo escogido», ¿no excluía esto automáticamente a los que no lo eran? Pero el propósito de Dios era otro, y se lo reveló dramáticamente al apóstol Pedro en un sueño, en Hechos 10. Dios les desafió en términos nada ambiguos a replantearse sus puntos de vista y a considerar que el plan salvífico de Dios era para judíos y gentiles por igual.

Cornelio

En primer lugar tenemos la historia de Cornelio, la persona que Pedro visitó después de su sueño por indicación del Espíritu. Como centurión,

Cornelio era un candidato improbable para el Evangelio. En el ejército romano, los centuriones ascendían a posiciones de mando siendo «duros como el acero». Pero, como hemos visto antes en el caso de David, Dios no mira lo externo, sino el corazón.

El corazón de Cornelio era excepcional. «Él y toda su familia eran devotos y temerosos de Dios. Realizaba muchas obras de beneficencia para el pueblo de Israel y oraba a Dios constantemente» (Hechos 10:2). Cuando le pidieron a Pedro que visitara a su señor, los siervos de Cornelio lo presentaron como «un hombre justo y temeroso de Dios, respetado por todo el pueblo judío» (Hechos 10:22).

Cuando Pedro llegó, se dirigió a un numeroso grupo de parientes y amigos más íntimos del centurión. Para asombro de Pedro, el «Espíritu Santo descendió sobre todos los que escuchaban el mensaje» (Hechos 10:44). Más adelante Pedro explicó el resultado de esta reunión a un grupo de líderes de Jerusalén. Aunque inicialmente eran escépticos, éstos líderes concluyeron: «¡Así que también a los gentiles les ha concedido Dios el arrepentimiento para vida!» (Hechos 11:18). De este modo, Cornelio, un dirigente militar con un corazón entregado a Dios, se convirtió en la persona que Dios utilizó para abrir la puerta para el Evangelio a los gentiles.

¿Eres miembro de una familia o un buen amigo en las fuerzas armadas? Que la lección de Cornelio te anime en el sentido de que, sea en el campo de entrenamiento, en la academia militar o en combate contra un enemigo mortal, Dios ve tu disposición. Él puede obrar en ti y por medio de ti, en cuestiones secundarias o importantes para extender su reino.

El tesorero de la reina

Un segundo ejemplo es el de un funcionario, un oficial a cargo del tesoro de Candace, reina de Etiopía. No sabemos su nombre, solo su profesión. Felipe, diácono de la Iglesia primitiva, había sido convocado por el Espíritu Santo a un camino que llevaba a Gaza. Allí se encontró con el etíope, quien había estado como peregrino en Jerusalén y regresaba ahora a su país.

Felipe pudo clarificar un pasaje del Antiguo Testamento que aquel hombre estaba leyendo, anunciándole «las buenas nuevas acerca de Jesús» (Hechos 8:35). El etíope respondió de todo corazón, profesando su nueva fe: «Creo que Jesucristo es el Hijo de Dios» (Hechos 8:37). Imagino que su experiencia de conversión fue el aspecto notable de su informe como tesorero y que, probablemente, el relato se extendió por los círculos del gobierno, y, a lo largo de las rutas comerciales, llegó a otros países de África.

Etiopía tiene hoy una extensa presencia de creyentes, se calcula que casi el 60% de la población son cristianos. Aunque dos milenios más tarde, ¿acaso no podrían las semillas sembradas hace tanto tiempo por este funcionario estar brotando hoy? Jesús preguntó: «¿A qué se parece el reino de Dios? [...]

¿Con qué voy a compararlo? Se parece a un grano de mostaza que un hombre sembró en su huerto. Creció hasta convertirse en un árbol, y las aves anidaron en sus ramas» (Lucas 13:18-19). De igual manera, ¿acaso no puede el Señor cuidar y hacer brotar las semillas del reino que plantamos tomando un café, durante un receso en el trabajo o la compasión que mostramos hacia un compañero en un momento de necesidad?

Lidia

Por último, vamos a considerar a una empresaria llamada Lidia. La encontramos en un pequeño grupo de mujeres, a orillas de un río, en la ciudad macedonia de Filipos. Dios ha corregido el rumbo del apóstol Pablo y sus compañeros que, en lugar de dirigirse a Asia como tenían planeado, ponen rumbo a esta importante ciudad romana, su primera operación en Europa. Conversando Pablo con el grupo, «una de ellas, que se llamaba Lidia, adoraba a Dios [...] Era de la ciudad de Tiatira y vendía telas de púrpura. Mientras escuchaba, el Señor le abrió el corazón para que respondiera al mensaje de Pablo» (Hechos 16:14). Tras ser bautizada junto con algunos miembros de su familia, Lidia convenció a Pablo y a los demás para que se alojaran en su casa. Es fácil imaginar a estos nuevos creyentes recibiendo un curso acelerado, equipándoles para llevar el mensaje del Evangelio a sus esferas de influencia dentro del continente europeo.

Tres emisarios del Evangelio que a menudo se pasan por alto: un soldado romano, el tesorero de una reina y una comerciante. Personas «normales» que estaban disponibles, en un lugar estratégico, y que fueron obedientes. A través de ellas el Evangelio se propagó entre los gentiles, por África y Europa. Si ellos pudieron hacerlo, ¡nosotros también! Podemos ser embajadores de Dios para extender su reino allí donde estamos, en nuestro entorno laboral.

7

Lecciones desde el final de la civilización

En la tierra, las naciones estarán angustiadas y perplejas por el bramido y la
agitación del mar.
Lucas 21:25

Durante la redacción de este libro, el mundo ha sido testigo de un gran número de tormentas horribles y violentos desastres naturales. Hemos experimentado, por ejemplo, una serie de formidables huracanes que han batido zonas altamente pobladas de la zona del Caribe y el Golfo de México, así como un terremoto de 7,6 grados de magnitud que ha causado una enorme destrucción en Pakistán, y en zonas de la India y Afganistán.

¿Y cómo podemos olvidar el tsunami que barrió todo el Océano Índico el 26 de diciembre de 2004? Aunque llevará años, décadas quizás, reparar la devastación que estos fenómenos han producido en casas, negocios e infraestructuras, estas cosas pueden reconstruirse. No obstante, la pérdida humana de familiares, amigos, vecinos y compañeros de trabajo dejará dolorosas cicatrices que nunca podrán borrarse completamente.

Los científicos han especulado cuántas vidas habrían podido salvarse mediante un rápido y eficiente sistema de alarma. Aun con el mero margen de unos minutos, probablemente, decenas de miles de personas habrían podido apartarse lo suficiente de las playas y litorales como para evitar la pérdida de sus vidas. Pero las advertencias no llegaron. No había ningún sistema de alarma. No hubo sirenas que emitieran sus avisos por las soleadas playas de agua clara y las aisladas aldeas de pescadores para anunciar la inminente catástrofe. Fue todo demasiado inverosímil, demasiado súbito, y la mayoría de personas estaban completamente desprevenidas.

Como la devastadora fuerza y brusquedad del tsunami, los acontecimientos futuros que describen las Escrituras traerán perplejidad, desconcierto y destrucción a las naciones y sus instituciones, también a las de carácter empresarial y comercial. Tan abrumadores serán los acontecimientos que en una de las descripciones, «los reyes de la tierra, los magnates, los jefes militares, los ricos, los poderosos, y todos los demás, esclavos y libres, se escondieron en las cuevas y entre las peñas de las montañas», suplicarán a los montes y rocas que caigan sobre ellos para esconderse del inminente juicio (Apocalipsis 6:15-16).

Un antiguo sistema de alarma

A diferencia de los pueblos que no tuvieron ningún aviso del tsunami, Dios nos ha dado en su gracia un sistema de alarma para avisarnos de acontecimientos que un día afectarán a todas las empresas del mundo. En este capítulo, consideraremos la más importante de estas advertencias, que está consignada en el libro de Apocalipsis. Pero antes quiero explicar lo que hizo que este descubrimiento fuera tan importante para mí y porque siento que es tan relevante para nuestra reflexión.

Hace casi una década me propuse leer el libro de Apocalipsis una vez al año, y desde entonces lo he venido haciendo. Con cada lectura, nuevas piezas de este «misterioso» libro han ido encajando en su lugar, conectándose a menudo con otros pasajes de las Escrituras y añadiéndoles trascendencia. Hace unos años, me asombró «descubrir» una perspectiva sobre el moderno mundo de los negocios y el comercio en Apocalipsis 18, un capítulo que describe la caída brusca y definitiva de Babilonia (que para muchos eruditos bíblicos no es tanto una ciudad literal, sino una representación del mundo caído y sus sistemas).

Con el tiempo, he llegado a entender la gran importancia de este capítulo, porque:

- Apocalipsis 18 es el pasaje bíblico más detallado que desarrolla específicamente el tema de los negocios y el comercio.
- Es el último capítulo antes de la proclamación del decisivo triunfo del Señor (y del banquete nupcial de la boda entre él, el novio, y la Iglesia, la novia).
- Este capítulo presenta una clara y detallada serie de actividades por las que Babilonia será juzgada, todas las cuales están, significativamente, presentes en el ámbito empresarial moderno y en los sistemas de gestión.
- Deja claro cuál es la posición del Señor hacia estas prácticas que condena. Esta posición será también su criterio para el juicio final.
- Nos aclara qué es concretamente lo que el Señor más abomina en los negocios y el comercio.
- Nos ayuda a entender lo que más valora: ¡exactamente lo contrario de lo que juzgará!
- Nos da la esperanza de que, si practicamos lo que él aprecia, suscitaremos sus bendiciones en lugar de sus juicios.

Los puntos que acabo de enumerar son ya una buena porción y ni siquiera hemos comenzado a analizar los detalles de este asombroso pasaje. Pero espero que, en las siguiente páginas, puedas ver que Dios nos está llevando de «vuelta al futuro», ofreciéndonos lecciones —y advertencias— prácticas, oportunas y vitalmente importantes desde el final de la civilización. Estas lecciones, al igual que las personas que hemos venido introduciendo en los capítulos anteriores, son también nuestros «compañeros de viaje».

Los juicios de Babilonia

En mi minuciosa mirada a Apocalipsis 18, he observado siete razones específicas por las que Dios juzga a Babilonia. Quiero destacar los versículos más relevantes, citar todas las características por las que Babilonia fue juzgada (en cursiva), y sugerir alternativas: remedios que nos permitirán salir del camino del juicio y situarnos en una posición de bendición.

Abandono espiritual

Después de esto vi a otro ángel que bajaba del cielo. Tenía mucho poder, y la tierra se iluminó con su resplandor. Gritó a gran voz:«¡Ha caído! ¡Ha caído la gran Babilonia! Se ha convertido en morada de demonios y en guarida de todo espíritu maligno, en nido de toda ave impura y detestable.

(Apocalipsis 18:1-2)

Apocalipsis 18:2, «Se ha convertido en morada de demonios y en guarida de todo espíritu maligno», es una vívida ilustración de los resultados del abandono espiritual. Describe la clase de corrupción que nos inunda cuando no hay nada que lo evite, cuando la oscuridad se impone completamente a la luz.

¿Has estado alguna vez en una atmósfera así? Personalmente, sentí intensamente esta clase de ambiente en el antiguo centro de convenciones *Reunion Arena*, de Dallas. Al otro lado de la sala donde yo asistía a una conferencia sobre la oración, un grupo de rock estaba montando el escenario para el concierto de aquella noche. Nunca había oído hablar del grupo Black Sabbath, y entré en el auditorio para curiosear. En el escenario, habían levantado una enorme imagen representando el rostro de Satanás. Una presencia densa y perversa flotaba en el ambiente. Si aquella imagen hubiera podido hablar, habría dicho con una mueca taimada: «¡Ya verás lo que hago con los chavales que vienen esta noche!».

Puede que estas ostensibles expresiones del mal no estén presentes en tu lugar de trabajo. Pero no te quepa la menor duda: como afirman claramente las Escrituras, tenemos un enemigo real que se opone a nosotros. No seamos ingenuos o descuidados. Si le damos ocasión, Satanás corromperá el espacio en que trabajamos, convirtiéndolo en «morada de demonios y en guarida de todo espíritu maligno».

En ocasiones, hemos experimentado una cierta oposición espiritual en nuestras empresas. Por ejemplo, hace algunos años, en las instalaciones de nuestra planta principal se inició una racha de pequeños incendios que se han ido produciendo hasta hace algunos meses. Hasta hoy, no hemos encontrado ninguna explicación razonable. Afortunadamente, hemos podido extinguirlos y solo han producido daños de poca cuantía. Lo que nos hizo pensar que se trataba de una cuestión relacionada con la guerra espiritual era el patrón ilógico y reiterado. Un día, y francamente molestos por el «fastidio» que suponían estos pequeños incendios, pedimos a nuestros empleados que, quien así lo deseara, podía quedarse después de la jornada laboral para orar juntos por esta situación. Nos reunimos por mesas en el comedor. Algunos oraban en voz alta, otros lo hacían en silencio. Al terminar la reunión, teníamos una asombrosa sensación de paz, una certeza de que Dios había oído nuestras oraciones. ¿Los incendios? Casi como si los hubiéramos apagado con un interruptor, los fuegos cesaron y no han vuelto más.

Es posible que estemos limitando la influencia que, como cristianos, tenemos en el ámbito laboral. Dios nos ha concedido un poder singular en la esfera espiritual. Seguramente, recuerdas que cuando Jesús envió a un grupo de discípulos para que proclamaran el Evangelio, éstos regresaron con este informe de victoria: «Señor, hasta los demonios se nos someten en tu nombre» (ver Lucas 10:13.17). Jesús quiere que ejerzamos este poder en nuestro tiempo. Nuestra oración, alabanza y presencia como representantes del Señor son cosas que no solo frenan el mal sino que invitan la presencia de Dios. En ocasiones, verbalizo este deseo diciendo: «Señor, eres bienvenido a nuestras empresas. Ven y quédate con nosotros».

Excesos

> Porque todas las naciones han bebido el excitante vino de su adulterio; los reyes de la tierra cometieron adulterio con ella, y los comerciantes de la tierra se enriquecieron a costa de lo que ella despilfarraba en sus lujos.
> (Apocalipsis 18:3)

Fort Lauderdale, Florida.- Don Weston solía sentirse especial en sus cruceros por el mundo en su yate de 30 metros de eslora. Pero, recientemente, una mañana, en el Salón Naútico Internacional, el jubilado empresario de Cincinnati salió a su cubierta superior y se sintió eclipsado por verdaderos gigantes.

Amarrado junto a él estaba el Corrie Lynn, un yate de 40 metros con un enorme jacuzzi, cinco camarotes, pantallas retráctiles de plasma y dos motos de agua. Un poco más abajo, en el mismo muelle estaba el Alfa Four, de 60 metros de eslora, con gimnasio, piscina y un helipuerto. La joya de la corona era el Octopus, el nuevo barco de recreo del multimillonario Paul Allen, de más de 120 metros y con una cancha de baloncesto, un estudio de música y un submarino personal. El Octopus va a ser pronto sobrepasado por un yate que se está construyendo en Dubai para un cliente Saudí. Se espera que sobrepasará los 500 pies (¡más de 150 metros!), el tamaño de un pequeño barco de cruceros (*The Wall Street Journal*, 14 de diciembre de 2004).

Me encantan los barcos. Y no tengo reservas por cuestiones de tamaño o velocidad. Pero la pregunta que plantea este artículo es: «¿Existen límites sobre lo que es correcto y responsable?». Cada cual tiene que decidir. Los excesos no agradan al Señor. Él sabe lo que necesitamos y cubre nuestras necesidades. «Así que no os afanéis por lo que habéis de comer o beber; dejad de angustiaros. El mundo pagano anda tras todas estas cosas, pero el Padre sabe que vosotros las necesitáis. Vosotros, por el contrario, buscad el reino de Dios, y estas cosas os serán añadidas» (Lucas 12:29-31).

Dios no es tacaño, sino más bien todo lo contrario. Su naturaleza y deseos le llevan a bendecir abundantemente. Después de dar instrucciones a su pueblo sobre los diezmos y ofrendas, el Señor dice por medio de su profeta Malaquías: «Probadme en esto [...] y ved si no abro las compuertas del cielo y derramo sobre vosotros bendición hasta que sobreabunde» (Malaquías 3:10).

¿Cómo debería el pueblo de Dios entender este asunto? La cuestión es no vivir una vida de excesos ni confundir la pobreza con virtud. Creo que hemos de ser «adecuadamente modestos», haciendo lo que es propio de nuestro llamamiento y circunstancias. No te apresures a juzgar la medida por la que alguien define lo que es apropiado. El Señor prospera inmensamente a algunas personas. Es su prerrogativa (y estas bendiciones llevan consigo una responsabilidad añadida de administrar correctamente lo recibido y de ser generosos). Se trate de personas o de instituciones, a Dios le gusta una vida equilibrada, una apropiada modestia.

Corrupción

Luego oí otra voz del cielo que decía: «Salid de ella, pueblo mío, para que no seáis cómplices de sus pecados, ni os alcance ninguna de sus plagas; pues sus pecados se han amontonado hasta el cielo, y de sus injusticias se ha acordado Dios».
(Apocalipsis 18:4-5)

Durante los últimos años, la corrupción y la actividad comercial delictiva han hecho caer a titanes de la industria y enfurecido a los mercados financieros. Firmas importantes y respetadas como Enron y Arthur Andersen, en otro tiempo la quinta empresa de contabilidad del mundo, se han desplomado. Su desaparición es un anticipo de lo que va a suceder a gran escala con la caída de Babilonia. Dios afirma por medio del profeta Isaías: «Castigaré por su maldad al mundo, y por su iniquidad a los malvados» (Isaías 13:11).

Las raíces de la corrupción son pequeñas al principio, como cuando alguien prueba el sistema financiero de una empresa, buscando grietas de vulnerabilidad. Cuando no es detectada, la actividad deshonesta se hace más descarada y finalmente queda fuera de control. Esto fue lo que descubrimos en una de nuestras empresas. Un gestor de confianza inició un patrón de pequeños desfalcos. Puesto que nadie se dio cuenta, los «pecados» iniciales de este empleado se multiplicaron, amontonándose hasta que Dios, en su fidelidad, «encendió el reflector». Hoy esta persona está en un proceso de rehabilitación, pero tanto él como su familia y reputación han sufrido grandes daños, sin hablar de las considerables pérdidas y el bochorno que ha experimentado la empresa.

¿Cómo pueden los siervos de Dios en el mundo comercial inhibir este proceso de declive que finalmente lleva al juicio? La respuesta está en la forma en que tratamos el pecado. Es evidente que vamos a pecar. «Si afirmamos que no tenemos pecado, nos engañamos a nosotros mismos y no tenemos la verdad» (1Juan 1:8). El problema se produce cuando los pecados, aunque «pequeños», no se tratan correctamente, porque, en este caso, inevitablemente se amontonarán. (Me imagino un montón de bloques de construcción de madera que se van amontonando unos sobre otros. Llegará un momento en que el añadido de uno más hará que toda la pila se venga abajo). Los cristianos pueden evitar este desenlace, enfrentándose a sus pecados con rapidez y bíblicamente: «Si confesamos nuestros pecados, Dios, que es fiel y justo, nos los perdonará y nos limpiará de toda maldad» (1Juan 1:9).

En lenguaje laboral moderno: hemos de mantenernos al día. Cuando, conscientemente, ofendemos a alguien, hemos de actuar prontamente para resolver el problema. Si nos tomamos libertades con una cuenta de gastos de representación, hemos de tomar la iniciativa para corregirlo. Las pequeñas mentiras (que llamamos afectuosamente «mentiras blancas»), ¡siguen siendo mentiras! Si nos enteramos de alguna actividad ilegal dentro de nuestras organizaciones, hemos de orar pidiendo sabiduría sobre cómo intervenir, y tomar las medidas adecuadas.

Igual que la «levadura» del engaño puede propagar la enfermedad dentro de una organización, la de la piedad puede influenciar positivamente a los demás y aportar la necesaria corrección. «Volvió a decir (Jesús): —¿Con qué voy a comparar el reino de Dios? Es como la levadura que una mujer tomó y mezcló con una gran cantidad de harina, hasta que fermentó toda la masa» (Lucas 13:20-21). Por ejemplo, ¿habría podido salvarse Enron si los altos cargos de la empresa hubieran escuchado y tomado medidas cuando los empleados comenzaron a hablar abiertamente sobre las anomalías económicas y éticas que estaban descubriendo? No hay duda de que muchos se siguen haciendo esta pregunta.

Soberbia

En su corazón se jacta: «Estoy sentada como reina; no soy viuda ni sufriré jamás».
Por eso, en un solo día le sobrevendrán sus plagas: pestilencia, aflicción y hambre.
Será consumida por el fuego, porque poderoso es el Señor Dios que la juzga.
(Apocalipsis 18:7-8)

La respuesta de Dios a estos aspectos de la degradación de Babilonia —su carácter arrogante, soberbio e insensible— fue inmediata y devastadora. Cuando el pecado llega a su colmo, los juicios pueden producirse muy rápidamente.

En Proverbios 8:13, el Señor dice, «yo aborrezco el orgullo y la arrogancia». En su libro *Holy Ambition* (ambición santa), Chip Ingram afirma categóricamente: «Dios aborrece el orgullo el 100% del tiempo». ¿Encaja este «odio» con el Dios de amor? Sí. De hecho, el aborrecimiento por parte de Dios de aquello que se opone a su naturaleza no hace sino redondear y completar su amor, del mismo modo en que la noche complementa al día. Conocer su estricta idea sobre la arrogancia me hace más cauteloso, porque sé que soy vulnerable. El insidioso pecado del orgullo nunca está lejos de infectar mi corazón y actitudes.

Consideremos cómo ha derribado el orgullo a seres que ocupaban elevadas posiciones de autoridad. La soberbia inflamó el corazón del arcángel Lucifer, llevándole a encabezar una rebelión cósmica contra Dios: «Decías en tu corazón: "Subiré hasta los cielos. Levantaré mi trono por encima de las estrellas de Dios! Gobernaré desde el extremo norte [...]. seré semejante al Altísimo"» (Isaías 14:13-14).

La soberbia hizo caer a los reyes de la antigua Babilonia. Aunque Dios había advertido al rey Nabucodonosor, este declaró desde el tejado de su palacio real: «¡Mirad la gran Babilonia que *he* construido como capital del reino! ¡La he construido con *mi* gran poder, para *mi* propia honra!» (Daniel 4:30, cursivas del autor). Observemos la gran cantidad de «yos» y «mis» que aparecen cuando las personas sucumben a la soberbia, y consideremos con cuanta frecuencia oímos estos peligrosos pronombres personales en el mundo empresarial de nuestro tiempo.

Entre la gran variedad de heridas que se producen en el mundo del comercio y empresarial, las más frecuentes y destructivas nacen de la soberbia. La soberbia lleva a las personas a ponerse en pedestales y a menospreciar a los demás; alimenta los prejuicios, nos hace insensibles a las necesidades de los demás y embota la compasión; nos impide captar los intereses de clientes y empleados y justifica la propia indulgencia. La soberbia lleva a las personas a iniciar relaciones ilícitas, que destruyen los matrimonios y las familias. Las palabras de Proverbios 16:18, muy citadas, pero poco aplicadas, advierten de las inevitables consecuencias del orgullo: «Al orgullo le sigue la destrucción; a la altanería, el fracaso».

Dios llama a los creyentes en el ámbito laboral a marcar diferencias. Nuestra primera prioridad es tratar con la soberbia y vivir en humildad. No es poca cosa. Me hace sonreír la historia de un hombre al que se le concedió un distintivo de solapa como la persona más humilde de su iglesia. ¡Más adelante, los ancianos hubieron de retirárselo porque se lo ponía! Personalmente, me cuesta detectar el orgullo en mi vida. Cuando me doy cuenta de que me dominan el egoísmo, la presunción y las excusas, a menudo estoy ya a punto de ofender a alguien con mis actitudes. ¡Afortunadamente Dios suele enviar a alguien —muchas veces con un largo alfiler— para pincharme el globo!

La mejor salvaguarda que he encontrado contra el orgullo es practicar deliberadamente la humildad. Como vemos en 1Pedro 5:6, Dios quiere que tomemos la iniciativa: «Humillaos, pues, bajo la poderosa mano de Dios». No se trata de orar: «Señor, hazme humilde». Humillarnos es algo que nos toca a nosotros.

Algunas formas de practicar la humildad en el entorno laboral pueden ser: «Sustituye las palabras yo y mí, por nosotros y nuestro».

Reconoce los cumplidos diciendo simplemente: «gracias». No quieras adornarlo. No seas falsamente modesto o modesta. No te regodees excesivamente en los cumplidos, sino desvíalos hacia el Señor y los demás.

Siéntate en el «último lugar» (Lucas 14:10-11). Esta sabia recomendación es, a menudo, pertinente en situaciones empresariales y sociales.

Llora con los demás. Jesús dijo: «Dichosos los que lloran» (Mateo 5:4). Los compañeros de trabajo y socios han de hacer frente a enormes retos personales y merecen nuestra empatía, amor y cuidado.

Construye salvaguardas. Si no tenemos cuidado y nos exponemos temerariamente a la tentación sufriremos el daño. Viajar con un empleado del sexo contrario o aconsejarle en privado es correr un riesgo innecesario. Hazlo en presencia de una tercera persona. Sé completamente profesional en las relaciones personales dentro del ámbito laboral.

Practica la generosidad como estilo de vida, y hazlo con discreción para que no caigas en la tentación de manipular o buscar atención personal al dar.

En su obra, *Empresas que sobresalen*, el autor Jim Collins comenta que quedó sorprendido por la «fascinante modestia» de la mayoría de los directores ejecutivos de éxito que analizó, describiéndoles como «serenos, humildes, modestos, reservados, retraídos, generosos, educados y sencillos». Esta no es la típica idea que tenemos de los altos cargos ejecutivos. ¿Pero no es sorprendente saber que las personas más efectivas en estos cargos son las que poseen estos atributos personales?

Desprecio de las personas

Los comerciantes de la tierra llorarán y harán duelo por ella, porque ya no habrá quien les compre sus mercaderías: artículos de oro, plata, piedras preciosas y perlas; lino fino, púrpura, telas de seda y escarlata; toda clase de maderas de cedro; los más variados objetos, hechos de marfil, de madera preciosa, de bronce, de hierro y de mármol; cargamentos de canela y especias aromáticas; de incienso, mirra y perfumes; de vino y aceite; de harina refinada y trigo; de ganado vacuno y de corderos; de caballos y carruajes; y hasta de seres humanos, vendidos como esclavos.
(Apocalipsis 18:11-13)

Estos versículos mencionan casi treinta «productos», y el orden en que lo hacen pone implícitamente de relieve la razón por la que Babilonia fue juzgada. Las cosas más importantes para los mercaderes que lamentaban la destrucción Babilonia eran: oro, plata, piedras preciosas y perlas. La última y de menor valor para ellos, eran los seres humanos.

¿Se produce también en nuestro mundo comercial esta inversión de valores? El lenguaje que utilizamos da que pensar. Impactar «blancos financieros" y «cumplir las expectativas de los analistas», «reajuste de personal», «racionalizar» y «reducir» el personal. Una búsqueda en Google de la frase «workforce reduction» (reducción de plantilla) arroja la sorprendente cifra de 8,9 millones de referencias. La palabra «downsizing» (reducir el personal) aparece 2,4 millones de veces. ¿Son acaso claves para entender la extensión de las modernas prácticas que minimizan a las personas?

Aunque es cierto que las empresas han de tomar duras decisiones que, muchas veces, afectan a las personas. Hemos de valorar cuidadosamente el coste que supone estas cosas en términos humanos, y evitar, aunque sea por un momento, la idea de que las personas son meros productos. Cuando las personas ocupan el último lugar de una lista de mercancías, cabe suponer que se están produciendo todas las formas de explotación humana, incluyendo la esclavitud. Esto deshonra y provoca la ira del Dios que «creó al ser humano a su imagen» (Génesis 1:27), una impresionante realidad que afirma su profundo afecto por cada ser humano.

Para evitar el justo juicio de Dios y buscar su favor, ¿no deberíamos, acaso, darle la vuelta a esta lista de mercaderías de Apocalipsis 18, poniendo los cuerpos y almas de las personas en el primer lugar y «reduciendo» el oro, la plata y las piedras preciosas?

Un mal uso de la influencia

Jamás volverá a brillar en tila luz de ninguna lámpara. Jamás volverá a sentirse en ti el regocijo de las nupcias. Porque tus comerciantes eran los magnates del mundo, porque con tus hechicerías engañaste a todas las naciones. (Apocalipsis 18:23)

Babilonia fue juzgada porque algunos importantes dirigentes abusaron de su influencia, corrompiendo a naciones enteras. De forma deliberada o inconsciente, realizaron sus transacciones comerciales mediante prácticas perversas. El materialismo tiene poder.

Puesto que el materialismo tiene poder, los mercaderes del mundo, para bien o para mal, lo tienen también. Un amplio estudio de la Historia muestra que, a partir de la segunda mitad del siglo xx, los negocios y el comercio se convirtieron en las influencias dominantes en todo el mundo. En periodos anteriores, las principales influencias habían sido el poder militar, la religión y los poderes políticos nacionales. De hecho, en nuestro tiempo hay un buen número de multinacionales cuyo valor de mercado excede el PIB (producto interior bruto) de algunos países con los que comercian.

Cuando un comerciante abusa de su influencia, la onda expansiva se percibe por todo el planeta. Por ejemplo, cuando Dennis Kozlowski, ex presidente de Tyco, fue acusado formalmente de desviar 600 millones de dólares de su empresa, además de otros delitos, el impacto llegó a más de cuatro mil instalaciones de Tyco ubicadas en los cincuenta estados de la unión y en más de cien países por todo el mundo. El impacto alcanzó también a los miles de proveedores y acreedores de la empresa y a las comunidades en que estaban ubicados. No cabe duda de que los empresarios de nuestro tiempo son «grandes hombres» y, a menudo, ejercen un enorme poder.

Cuando estos «grandes hombres» son personas íntegras y de carácter probado, pueden influir positivamente en las prácticas comerciales dentro de sus amplias esferas de influencia. (Por cierto, los nuevos dirigentes de Tyco están haciendo precisamente esto, esforzándose por recuperar estos 40 mil millones).

Me anima darme cuenta de que Dios tiene un número cada vez mayor de sus hijos en posiciones de significativa influencia en el mundo empresarial. Me viene a la mente el caso de Dean Borgman, un buen amigo mío, quien se ha retirado recientemente como presidente de Sikorsky Aircraft, un fabricante de helicópteros (entre ellos el Black Hawk, utilizado por las fuerzas armadas estadounidenses). Dean viajó a uno de los países más pequeños de Oriente Medio para definir las especificaciones aproximadamente de doce helicópteros que este país planeaba comprar. Querían uno de los nuevos modelos y la empresa tenía muchas ganas de cerrar la venta.

Dean encontró un poco extraño que el primer evento del programa fuera una cena en casa del comandante en jefe del país. Su inquietud resultó acertada. La cena era muy privada, de hecho, Dean era el único huésped. Tras los habituales prolegómenos de conversación informal y cumplidos, su anfitrión «entró en materia». El comandante en jefe dejó claro que él podía decidir a quién se le concedería el contrato, y a continuación añadió descaradamente que esperaba ser «recompensado» de algún modo significativo por su apoyo.

Perder aquel pedido podía costarle a Sikorsky cientos de millones de dólares. Pero Dean sabía que la petición de aquel alto cargo violaba las leyes de contratación del gobierno estadounidense, las normas éticas de su empresa y, lo más importante, sus valores personales. «Era algo que violaba todos los principios que me había esforzado por mantener en mi actividad comercial», dijo más adelante. De modo que, con amabilidad, pero firmemente, Dean concluyó la conversación y su anfitrión dio abruptamente por concluida aquella cena. El pedido de helicópteros se le concedió posteriormente a un proveedor europeo. Aunque Dean quedó comprensiblemente desilusionado, pudo seguir durmiendo por la noche. Sabía que había hecho lo correcto. En un irónico giro, aquel comandante militar fue destituido no mucho después de este incidente, y Sikorsky ganó enteros como empresa honrada y digna de confianza.

Como en el caso de Dean, los altos ejecutivos de las grandes empresas tienen un acceso único a las posiciones de poder de países de todo el mundo. El sabio uso de la su influencia traerá bendiciones no solo a sus empresas sino también a las naciones que representan. ¡Qué alternativa tan maravillosa a la escena de Babilonia, donde el juicio se derrama porque los «magnates» han corrompido a naciones enteras.

Rechazo de los siervos de Dios

Porque en ti se halló sangre de profetas y de santos, y de todos los que han sido asesinados en la tierra.
(Apocalipsis 18:24)

La séptima (y última) razón por la que se juzga a Babilonia es que esta perversa ciudad —y el sistema mundial que representa— rechaza a aquellos que Dios envía. Este texto trae a la mente las palabras de Jesús lamentándose por su amada Jerusalén: «¡Jerusalén, Jerusalén, que matas a los profetas y apedreas a los que se te envían! ¡Cuántas veces quise reunir a tus hijos, como reúne la gallina a sus pollitos debajo de sus alas, pero no quisiste! Pues bien, vuestra casa va a quedar abandonada» (Mateo 23:37 38).

Las organizaciones que rechazan a aquellos que Dios envía pagan un precio muy alto. Los «profetas y santos» de una determinada empresa pueden estar ocultos en tareas poco visibles, o alojarse en suites de ejecutivos. Estas personas llegan a veces con un «embalaje» poco común: no siguen la corriente de la multitud, no «encajan» en las formas convencionales. Por regla general, son personas con un fuerte compromiso con sus empresas. Poseen un fuerte sentido del bien y el mal. Tengo el presentimiento de que tales personas están presentes en todas las organizaciones.

Como se ha dicho en el capítulo tres, Sherron Watkins fue una de quienes, valientemente, dieron un paso adelante para expresar sus preocupaciones. En el año 2002, la revista *Time* nombró a Watkins (que es miembro de la Primera Iglesia Presbiteriana de Houston) «Personalidad del año», un galardón que compartió con otras dos mujeres (Cynthia Cooper, de WorldCom, y Coleen Rowley, del FBI) que se esforzaron por corregir los abusos en sus organizaciones. Cuando Watkins se convenció de los problemas de contabilidad de Enron, buscó formas constructivas de sacarlas a la luz. Finalmente se reunió con Kenneth Lay, presidente de Enron, y le expuso en detalle «un elaborado engaño contable» que se estaba produciendo en la empresa. Lay la ignoró y, unos meses más tarde, esta enorme compañía se desplomó.

Con cierta ironía, *Time* observa que, cuando Watkins se puso a desembalar las cajas con sus pertenencias de la oficina de Enron, encontró una nota adhesiva verde que la empresa había regalado en otro tiempo a los empleados, con una cita de Martin Luther King Jr.: «Nuestras vidas comienzan a acabarse cuando guardamos silencio sobre las cosas importantes». Sherron fue de las que habló sin miedo. ¡Qué trágico que no encontrara oídos receptivos!

Si Dios trae juicio cuando se rechaza a los profetas y a los santos, ¡qué importante que los líderes empresariales se propongan de manera consciente acoger a aquellos que Dios envía! En mi experiencia, esto comienza con la oración, pidiéndole a Dios que dirija a nuestras organizaciones a aquellos que él escoja. Hemos de ser especialmente juiciosos durante el proceso de contratación, recordando lo que Samuel dijo sobre David: «La gente se fija en las apariencias, pero yo me fijo en el corazón» (1Samuel 16:7).

En última instancia, las culturas de nuestras organizaciones deben estimular a las personas a hablar sin miedo y a hacerse escuchar. Deben abrirse múltiples avenidas de comunicación. No todos están capacitados para reunirse con los altos cargos de la compañía como sí hizo Sherron Watkins. Desde supervisores receptivos (y perceptivos) y buzones de sugerencias hasta acceso al correo electrónico y disponibilidad de los ejecutivos, hemos de estimular la comunicación de los empleados con sus supervisores. Hemos de acoger a los profetas y los santos.

¿Se tomará en serio esta advertencia?

¿Cuánto tiempo esperó Dios antes de juzgar a Babilonia? El relato del apóstol Juan sobre el derramamiento de la ira de Dios en el Apocalipsis sugiere que fue el último acontecimiento de esta era: «Después de esto oí en el cielo un tremendo bullicio, como el de una inmensa multitud que exclamaba: "¡Aleluya! La salvación, la gloria y el poder son de nuestro Dios, pues sus juicios son verdaderos y justos"» (Apocalipsis 19:1-2).

Esto me dice que el Señor está ejerciendo una gran contención hacia el mundo y sus sistemas, especialmente el comercial. De hecho, el libro del Apocalipsis comienza mencionando «la paciencia de Jesucristo» (1:9 RV60), quien quiere dar plena ocasión de que la influencia redentora de su pueblo lleve sus frutos. Finalmente, el juicio debe producirse, y estará absolutamente justificado. ¡Pero cuán importante es que tú y yo no ignoremos los fatales errores de un imperio fracasado, sino que nos propongamos, más bien, aprovechar toda oportunidad para hacer precisamente lo contrario!

TERCERA PARTE

Propósitos de Dios para el trabajo y los negocios

8

Más allá de los principios

[David] tomó su bastón, fue al río a escoger cinco piedras lisas, y las metió en su bolsa de pastor.

(1Samuel 17:40)

En mi viaje a Rusia oriental, todo fue difícil: vuelos retrasados, pérdidas de equipaje, problemas informáticos y una comunicación difícil.

Vladivostok era el centro de operaciones de la Flota naval soviética del Pacífico. Hasta hace algunos años, era una ciudad cerrada, incluso para la mayoría de los rusos. Hoy, como una olvidada San Francisco, se esfuerza por emerger de sus setenta años de desolación bajo el control del comunismo. Los desafíos son enormes. A siete horas de diferencia horaria de Moscú, Vladivostok es la última parada del Transiberiano. De hecho, esta región del lejano oriente ruso, que tiene frontera con China, parece de muchas formas más asiática que rusa.

Era, pues, muy poco probable que alguien invitara a un pequeño equipo de nuestra organización para que dirigiera un seminario de dos días sobre la actividad empresarial desde una óptica bíblica en aquella ciudad; la primera vez que se impartía este tipo de enseñanza (hasta donde nosotros sabíamos) en aquella parte del mundo. ¡Nunca habríamos podido imaginar el impacto que nuestra visita tendría sobre aquellas personas, y sobre nosotros!

No nos sorprendió demasiado que nuestras reuniones se celebraran en una sala utilizada por el partido comunista para llevar a cabo sus sesiones de adoctrinamiento. Lo sorprendente era la asistencia de 160 personas, algunas de las cuales desplazándose desde el Círculo Polar Ártico. ¡Estábamos asombrados! Difícilmente habrían podido estas personas, solo una década atrás, imaginarse un día en que dirigirían sus propias empresas, participando en procesos de formación de capital, fabricación, mercadotecnia, ventas, distribución y generación de beneficios. Ahora, eran los alumnos más motivados de Rusia, deseosos de entrar en el ámbito de los negocios y el comercio a escala mundial. Y ahí estábamos nosotros, invitados a ayudar. Mi desafío personal era construir un fundamento bíblico bajo sus actividades. Decidí centrarme en cinco temas del ámbito empresarial, en los que la Biblia y los negocios se encuentran de un modo muy claro y contundente. Los agrupé bajo el título: «Propósitos de Dios para el ámbito laboral».

Los nuevos empresarios rusos me escuchaban atentamente, tomaban notas, hacían preguntas difíciles, y hablaban a todas horas de la aplicación de estas cosas a su vida y trabajo. El entusiasmo de aquellos hombres y mujeres era increíble. Hacia el final de nuestro tiempo decidieron que habían sido, sin duda, llamados al ámbito comercial y pidieron oración para confirmar su compromiso. Prometieron mantenerse firmes contra la corrupción y los miles de obstáculos que afrontaban. Se ofrecieron para ser siervos de Dios en el mundo de los negocios y el comercio.

Cinco temas relacionados con el trabajo y los negocios

A medida que he ido estudiando los pasajes bíblicos que se aplican al ámbito del trabajo, he encontrado ideas que caen en dos categorías principales. La primera gira alrededor de ciertas personas y lo que podemos aprender de ellas —hombres y mujeres que van desde Adán a Ester, o desde Booz a Lidia—, los «compañeros de viaje» de que hemos hablado en capítulos anteriores.

La segunda categoría no tiene que ver específicamente con personas, sino con ciertos temas: las principales ideas bíblicas relativas al trabajo y los negocios, temas que trascienden el tiempo, las circunstancias y las personas. Se trata de principios y patrones que impregnan la Palabra de Dios. Grandes ideas que aparecen una y otra vez, y que, por su repetición, merecen una atención especial. Elementos estructurales sobre los que pueden construirse políticas y prácticas. Puntos de conexión que relacionan la verdad bíblica con las necesidades comerciales. Puntos de apoyo para alcanzar una mayor efectividad. No son las típicas materias que aparecen en los planes de estudio de las escuelas de negocios (aunque su inclusión beneficiaría a todo aspirante a dirigente empresarial).

Los cinco temas que abordaremos en las páginas siguientes constituyen los «propósitos de Dios para el trabajo y los negocios». Tras varias décadas trabajando en actividades comerciales, he descubierto que, cuando mi trabajo se alinea con estos temas, la paz y el favor de Dios se hacen evidentes de muchas formas.

Alguien podría argumentar que hay más de cinco temas importantes o decidir que éstos son un número menor. Personalmente, he encontrado que estos temas en concreto cubren el asunto de forma completa y nos brindan una ayuda verdadera y práctica. Igual que las «cinco piedras lisas» que David usó para derrotar a su adversario, puede que estos cinco temas sean justo lo que necesitas en tu arsenal para el ámbito laboral y los negocios. (Dicho sea de paso, David tomó cinco piedras en lugar de la armadura del rey Saúl, que para él era un peso inútil. Hemos de tener cuidado de que la gran profusión de ideas populares y prometedoras sobre la gestión empresarial no nos entorpezca también a nosotros).

Los cinco temas que cubriremos en los siguientes capítulos son:

Propósito. Las personas y las organizaciones funcionan con mucha mayor efectividad cuando tienen un claro sentido de propósito. Todos nosotros hemos de preguntarnos: «¿Para qué estoy aquí?». Conocer nuestro propósito nos libera de diversiones que nos debilitan y nos ayuda a enfocarnos en lo que es más importante.

Valores. Los valores esenciales son como un giroscopio interno, que nos ayuda a mantener el rumbo. Éstos nos recuerdan a nosotros e informan a otros sobre «las cosas que apoyamos». Tales valores definen los límites. Nos dirigen hacia lo que es noble, bueno y sostenible.

Personas. Las personas son la prioridad de Dios. Cuando ponemos a otros por delante de nosotros, nos alineamos con su programa. Mantener un profundo respeto por cada persona puede transformar el carácter y la cultura del ámbito laboral.

Mayordomía. El concepto de mayordomía tiene que ver con la propiedad. ¿A quién pertenece aquello de que somos responsables? ¿Es nuestro o de Dios? Entender esta distinción influye decisivamente en la gestión de nuestro tiempo, posesiones y otros recursos. Nos ayuda a perseverar en medio de las dificultades y a conseguir el verdadero éxito.

Servicio. Un acercamiento a estas cuestiones desde la óptica del servicio refleja el corazón de Jesús, quien no vino para ser servido, sino para servir. Enfocarnos en el servicio nos orienta hacia las necesidades de los demás, incluidas las de nuestros compradores y clientes.

Te recomiendo que consideres cómo se aplican estos cinco temas a tu trabajo. Utilízalos como puntos de referencia para mantenerte bien encaminado, bien encaminada. Es incluso posible que haya formas de reflejarlos en los documentos rectores de tu organización.

Más que principios

Estos cinco temas no deben entenderse como «fórmulas». No creo que, para la aplicación de la verdad bíblica, los acercamientos formulistas sean realmente adecuados, aunque tales acercamientos son muy populares en la literatura moderna sobre temas empresariales, y encuentran una notable receptividad en la gente. Muchos, incluso personas no cristianas, creen que, limitándose a aplicar un determinado principio o precepto, «tendremos la bendición de Dios» y automáticamente seguirán los resultados. Naturalmente, Dios quiere bendecir, pero nunca permitirá que se le reduzca a una mera fórmula. Su propósito no es cumplir nuestras órdenes como si fuera un «genio» (un término que utiliza David Bryant en su libro *Christ Is All!* [¡Cristo lo es todo!]).

Dios actúa de manera distinta. Aunque sus caminos siguen ciertos patrones y principios, éstos no son automáticos ni manifiestamente previsibles, ni son tampoco la suma de su interacción con nosotros. Él actúa por el poder de su Espíritu Santo y en línea con su Palabra. Él obra por medio de relaciones personales con su pueblo, a través de la rendición y obediencia de los suyos. Él se acerca a quienes le buscan primero a él, y está decidido a implicarse personalmente.

Por tanto, como hicimos con nuestros amigos rusos, que fueron tan estimulados y fortalecidos durante los días que pasamos juntos —y con su compromiso de servir a Dios en el ámbito empresarial sonando todavía en mis oídos—, consideremos más de cerca los propósitos de Dios para esta esfera de nuestra vida.

9

El poder del propósito

Los ejecutivos eficaces toman dos tareas y dedican a
ellas sus energías. Cuando las han terminado,
no pasan a la número tres, sino que hacen una nueva lista.
Peter Drucker

Para el cumplimiento de algo específico un hombre
renuncia a todo lo demás.
George Santayana

El día que nuestra empresa afrontó su mayor amenaza fue el día en que dejamos de tener objetivos claros.

Para entender nuestra difícil situación, hemos de remontarnos algunos años, al tiempo en que se creó la empresa. Los desafíos de aquellos primeros años fueron de una gran magnitud, tanto que hundieron muchos negocios poco afianzados.

Nuestra empresa tuvo un déficit de capital desde su inicio en 1937. Mi padre había perdido sus ahorros durante la Gran Depresión y hubo de comenzar su nuevo negocio con recursos muy limitados. Introdujo a un socio con un modesto capital, a cambio de la mitad de la propiedad de la empresa. Un acuerdo costoso, pero necesario para poder avanzar.

Cuando estalló la Segunda Guerra Mundial, la empresa solo llevaba unos años funcionando. Como mencioné en un capítulo anterior, la escasez de piezas impidió, al poco tiempo, que siguiéramos fabricando nuestro producto estrella. La respuesta de mi padre fue llevar a la empresa por un nuevo camino durante los años siguientes, en que nos dedicamos al aislamiento de viviendas. Este paso, aunque supuso un notable alejamiento de nuestra principal actividad, permitió que la empresa, no solo sobreviviera, sino que pudiera conservar a todos sus empleados.

Después de la guerra, la empresa volvió a sus orígenes, fabricando quemadores de petróleo para la instalación de calefacciones en casas, escuelas, iglesias y pequeños negocios. La producción se incrementó rápidamente. De hecho, a comienzos de la década de 1950-60, el volumen de ventas permitió que mi padre sorprendiera a la familia con la compra de un Chrysler Sedan, nuestro primer coche nuevo en diez años. Entonces, justamente cuando nuestra prosperidad iba en aumento, surgió una nueva y siniestra amenaza. En aquel momento, yo estaba en la universidad, absorto en mi mundo, sin darme cuenta de la crisis que mi padre estaba experimentando. Más adelante, supe lo que había sucedido; tuve conocimiento de que habíamos perdido nuestro sentido de propósito.

El día que perdimos nuestro objetivo

El petróleo de calefacción era un combustible fácil de conseguir durante los primeros años de nuestro negocio. El gas natural, que ahora domina el sector de la calefacción residencial, se consideraba poco valioso. El gas se quemaba al aire libre, en la misma boca del pozo, como un subproducto de la producción de crudo. Pero, pasado un tiempo, los productores de crudo comenzaron a recoger este «subproducto desechable» y a transportarlo hasta las principales ciudades del Medio Oeste mediante una nueva red de gasoductos. La transformación a gran escala de este económico combustible se convirtió en algo muy común.

Mi padre se resignó a la conclusión de que la industria de la calefacción de petróleo no podría nunca competir con el gas natural. Era solo cuestión de tiempo. La competencia del gas natural acabaría hundiendo su joven negocio. Así fue como la empresa dejó de tener objetivos.

Desmoralizado, a mi padre se le ocurrió invertir nuestras modestas ganancias, precisamente, en unas minas de amianto de Canadá. Pronto salió a la luz la preocupación —hoy legendaria— sobre los peligros del amianto, y, de la noche a la mañana, sus inversiones perdieron todo su valor. La empresa, ahora sin liquidez, estuvo a punto de hundirse.

Finalmente, mi padre dejó atrás esta mala decisión y comenzó laboriosamente a actualizar y mejorar nuestros productos principales. Algunos mercados seguían siendo fuertes, especialmente en la zona noreste, donde la competencia del gas natural era menor. La empresa fue avanzando lentamente hasta la rentabilidad, perfeccionando constantemente su tecnología. Uno de sus amigos me dijo más adelante que, cuando mi padre tomó la decisión de volver a «lo esencial», volvió a sentir entusiasmo y trabajó hacia el futuro con un enorme despliegue de energía.

En los años que siguieron, la empresa afrontaría otros desafíos, algunos de ellos colosales. Pero ninguno superaba al peligro que enfrentamos en aquella ocasión, el día en que la Beckett Corporation perdió su sentido de dirección, sus objetivos.

La lección aprendida

Me habría gustado tener una charla sosegada con mi padre, en algún momento, sobre este difícil episodio de su trayectoria empresarial que, por lo demás, fue exitosa. Imagino que, de haber podido hablar con él al respecto, me habría dicho algo así:

John, comencé este negocio para ofrecer a la gente un tipo de calor limpio, práctico y asequible en climas fríos. Recuerdo como si fuera ayer, la experiencia de llenar de carbón el horno de casa con una pala durante mi infancia. A mediados de la década de 1920-30, comenzó a aceptarse generalmente que la calefacción de petróleo suponía una gran mejora sobre la de carbón. Era más limpia y automática. ¡Se acabó palear carbón! Suponía realmente un gran avance técnico. Yo estaba tan entusiasmado en cuanto al futuro de la calefacción de petróleo que, cuando tuve ocasión de entrar en el negocio, mi única meta era diseñar y fabricar los mejores quemadores del mundo.

Pero, tras cierto éxito inicial, permití que la amenaza de otro combustible me ofuscara y no me permitiera pensar con claridad. Perdí de vista nuestro objetivo y me desanimé. Esto me impidió ver oportunidades sin explotar dentro de nuestra principal actividad. Finalmente, me di cuenta de que podíamos corregir nuestros productos y estrategias de marketing y seguir teniendo un papel vital en el cumplimiento de nuestro propósito original.

El poder del propósito

Cuando una persona o una empresa encuentran y mantienen su propósito, su impacto puede ser enorme. Tener un objetivo hace que algo desordenado, fragmentado y fuera de armonía se convierta en un proyecto bien perfilado, cohesionado, ordenado y apasionante.

¿Alguna vez has escuchado una orquesta sinfónica haciendo ejercicios de calentamiento? ¡Suena como una pelea de gatos! Los violines y los clarinetes suenan cada uno por su lado, subiendo y bajando escalas; las trompetas y los trombones retumban con sonidos ampulosos; los tambores y los címbalos estallan estrepitosamente, en una rutina que permite a los músicos ejercitar los dedos, humedecer las cañas y flexionar los músculos. (Todos estos sonidos aleatorios no son muy distintos de la cacofonía que se oye en algunas organizaciones de nuestro tiempo).

El primer indicio de orden se produce cuando el director apunta al oboísta, y pide que le dé un quejumbroso «la»: la nota de referencia que permite afinar a los demás instrumentos. Los músicos hacen sus últimos ajustes. Entonces, sobre el escenario y en la sala cae un misterioso silencio. Todos los ojos están fijos en el maestro que, levanta su batuta y, con el primer compás... ¡Música! ¡Armonía! ¡Energía! ¡Propósito! Con un rápido movimiento de batuta, aquello que era confuso y aleatorio se define y se convierte en algo estratégico. Cien personas trabajan juntas, en voluntaria interdependencia, para conseguir una meta común.

Esta es la clase de armonía digna de tu vida y de la de tu organización. Esta es la naturaleza y poder transformador del propósito.

Dónde tiene su origen el propósito

En su superventas, *Una vida con propósito*, Rick Warren afirma con audacia: «Solo en Dios descubrimos nuestro origen, identidad, significado, propósito, trascendencia y destino. Cualquier otro camino acaba en un callejón sin salida» (pág. 18 del original en inglés).

Warren contrasta esta perspectiva teocéntrica con los populares acercamientos centrados en uno mismo. «Por regla general, los libros de autoayuda, incluso los cristianos, ofrecen los mismos pasos previsibles para encontrar el propósito de tu vida: Define tus valores. Trázate metas. Averigua cuál es tu fuerte. Apunta a lo más alto».

Aunque estos acercamientos tan manidos pueden tener una cierta validez, la Biblia nos asegura, desde una óptica teocéntrica, que nuestro Padre celestial tiene planes y propósitos para nosotros que trascienden a lo mejor que podamos concebir por nosotros mismos. Por ejemplo, el profeta Jeremías le dijo a una nación en cautiverio: «Porque yo sé muy bien los planes que tengo para vosotros —afirma el Señor—, planes de bienestar y no de calamidad, a fin de daros un futuro y una esperanza» (Jeremías 29:11). Y el salmista presenta la petición siguiente:

Que te conceda lo que tu corazón desea; que haga que se cumplan todos tus planes (Salmo 20:4).

Creo, personalmente, que estas asombrosas expresiones sobre el cuidado de Dios, se extienden ampliamente y se aplican a cada persona, organización, institución, comunidad y nación. Dios tiene un propósito para ti, y lo tiene también para tu empresa.

Evidencias en mi vida

Todos tenemos una historia que pone de relieve el singular propósito de Dios para nuestras vidas. ¡La mía comienza precisamente con el hecho de que pueda estar aquí para contarla!

Fue un milagro que mi padre sobreviviera a la Primera Guerra Mundial. Durante tres años combatió en el frente con la infantería canadiense, principalmente en Francia. En aquella guerra donde se perdieron una cantidad tan enorme de vidas, solo mi padre y otro compañero sobrevivieron en una compañía de más de ochenta hombres. Es evidente que Dios tenía un propósito para él que iba más allá de los frentes franceses.

Mis padres se casaron en 1933, y tuvieron una niña. Algo fue mal durante el parto (un error médico, al parecer), y el bebé murió. Fue una experiencia tan angustiosa que mis padres consideraron muy en serio la posibilidad de no tener más hijos. Pero Dios tenía otros propósitos, y pocos años más tarde, en 1938, nací yo, seguido de mis dos hermanas.

Siendo de corta edad, me puse muy enfermo. Pero se realizaban las primeras pruebas de un nuevo fármaco «milagroso» llamado penicilina y, con un cierto riesgo, me trataron con este antibiótico. La penicilina fue efectiva y me salvó la vida. Dios tenía un propósito y creó un camino.

He mencionado ya muchos de los momentos decisivos de mi vida: la elección de la universidad, mi encuentro con Wendy, un «llamamiento» al ámbito empresarial, la sociedad con mi padre en su empresa, el comienzo de una relación vital con Cristo. Todas estas experiencias son pruebas definitivas de la mano de un Dios de amor, urdiendo meticulosamente el tejido de mi vida. Cuando me he apartado de sus planes —y lo he hecho muchas veces—, él me ha hecho regresar de manera fiel y amorosa, todo para el cumplimiento de sus propósitos. No tengo la más menor duda de que el versículo de Jeremías es verdadero: «Porque yo sé muy bien los planes que tengo para vosotros».

Los planes de Dios para tu vida

Nuestro Padre celestial sabe también muy bien qué planes tiene para ti. Están entretejidos deliberadamente dentro de un diseño mucho más amplio de lo que te imaginas.

Te sugiero un valioso ejercicio. Haz un inventario del modo en que Dios ha obrado activamente en tu vida. Haz una lista de todas las formas en que le has visto obrar. Yo lo hice hace varios años y fue una experiencia muy reveladora. Me di cuenta de su implicación en formas que antes habían escapado a mi observación. Tú vas a descubrir lo mismo. Podrías incluso pedir a los miembros de tu familia, amigos o colegas que te digan de qué maneras han visto a Dios formando y dirigiendo tu vida. Es posible que puedan aportar cosas que tú no recuerdas ahora.

Propósito en la vida de Jesús

Jesús fue el líder con propósito por antonomasia. Sabía lo que el Padre quería que hiciera y, al final de su vida, afirmó haber terminado completamente su tarea.

Jesús dejó perfectamente claro que el propósito esencial de su vida era hacer la voluntad del Padre: «Porque he bajado del cielo no para hacer mi voluntad sino la del que me envió» (Juan 6:38). Y, a continuación, declaró cuál era la voluntad del Padre: «que todo el que reconozca al Hijo y crea en él, tenga vida eterna, y yo lo resucitaré en el día final» (Juan 6:40). Combinadas, estas dos declaraciones resumen el propósito de Jesús al venir a la Tierra: Jesús descendió del cielo para que todo aquel que le mira y cree en él tenga vida eterna.

Al comenzar su breve ministerio activo, Jesús tradujo este amplio propósito en cosas concretas, una especie de «plan de ejecución». Hablando en Nazaret, citó varios objetivos: «El Espíritu del Señor está sobre mí, por cuanto me ha ungido para anunciar buenas nuevas a los pobres. Me ha enviado a proclamar libertad a los cautivos y dar vista a los ciegos, a poner en libertad a los oprimidos, a pregonar el año del favor del Señor» (Lucas 4:18-19). Durante los tres años siguientes, Jesús persiguió estas metas con singular concentración.

Pensemos con qué facilidad habría podido Jesús extraviarse del camino. (Según las normas de nuestro tiempo habría sido algo completamente justificado, si no aplaudido). Habría podido resolver urgentes desafíos políticos o inaugurar una expansiva organización ministerial. ¿Por qué no establecer centros de enseñanza, escribir algunos libros o al menos mandar una circular de vez en cuando? ¿Y qué diremos de su decisión de limitar su círculo inmediato a doce personas? Un grupo tan pequeño para un líder y una misión tan importantes.

No obstante, si Jesús se hubiera desviado de su objetivo principal, se habría equivocado. Las consecuencias de estar siquiera a punto de equivocarse son insondables. Cualquier cosa que no fuera ir a la cruz, nos habría privado a ti y a mí del regalo más sublime de todos los tiempos: abrir el camino de regreso al Padre.

¿Hasta qué punto estaba Jesús decidido a cumplir su misión? Marcos comenta la última subida a Jerusalén: «Iban de camino subiendo a Jerusalén, y Jesús *se les adelantó*. Los discípulos estaban asombrados, y los otros que venían detrás tenían miedo. De nuevo tomó aparte a los doce y comenzó a decirles lo que le iba a suceder» (Marcos 10:32, cursivas del autor). Aquí tenemos a Jesús, el único de la multitud que sabía lo que le esperaba, y caminando con paso firme delante de ellos. Isaías nos dice que había puesto su rostro «como el pedernal» (Isaías 50:7). ¡Qué imagen tan clara de determinación!

Jesús ha llevado a cabo el propósito del Padre con tal fidelidad que al final de su vida puede decir: «Yo te he glorificado en la tierra, y *he llevado a cabo la obra que me encomendaste*» (Juan 17:4, cursivas del autor). Pensemos en esto por un momento. ¿Pero, qué sucede con todos los que no fueron sanados, que no escucharon su mensaje de vida o que lo oyeron pero no se convencieron? ¿No dejó, acaso, Jesús muchas cosas inacabadas?

Sin embargo en el contexto del propósito que vino a cumplir, Jesús pudo decir que había terminado su tarea. Me parece impresionante, y alentador, que también nosotros podamos llegar a cumplir sus propósitos para nuestra vida y a terminar nuestro trabajo en la Tierra.

Rick Warren confirma el poder de este tipo de objetivo. Warren afirma que necesitamos una clara comprensión de nuestro propósito, no para introducir con calzador más actividades en un horario ya abarrotado, sino más bien para que podamos hacer menos en la vida, centrándonos en las cosas más importantes. «Se trata de llegar a ser aquello para lo que Dios te creó» (pág. 19 del original).

Propósito en los seguidores de Jesús

El libro de los Hechos pone de relieve la claridad del propósito que dirigía a la Iglesia Primitiva. Poco después de Pentecostés se produjo un ejemplo de ello. Pedro y Juan fueron arrestados después de curar a un hombre que había sido inválido desde su nacimiento. Aun bajo amenaza de ejecución, éstos declararon con valentía: «¿Es justo delante de Dios obedeceros a vosotros en vez de obedecerlo a él? ¡Juzgadlo vosotros mismos! Nosotros no podemos dejar de hablar de lo que hemos visto y oído» (Hechos 4:19-20). Su principal imperativo era proclamar y manifestar el poder de Dios que habían presenciado.

Esteban, que fue uno de los siete diáconos designados por la Iglesia, hacía «grandes prodigios y señales milagrosas entre el pueblo», y pagó con su vida su singular llamamiento (Hechos 6:8). Pero Dios tenía un propósito. A partir de su muerte y de la persecución que siguió, la Iglesia se diseminó y el Evangelio se proyectó con fuerza hacia «los confines de la tierra» (Hechos 8:1; ver también, Hechos 1:8).

Asimismo, el apóstol Pablo, desde el momento de su conversión, se aferró a la comisión que recibió en el camino de Damasco: «Te envío a éstos (los gentiles) para que les abras los ojos y se conviertan de las tinieblas a la luz, y del poder de Satanás a Dios, a fin de que, por la fe en mí, reciban el perdón de los pecados» (Hechos 26:17-18). Si eres gentil, eres un beneficiario directo de esta completa obediencia de Pablo a este llamamiento tan nítido.

En el ámbito laboral, debemos buscar la misma claridad de propósito que tenían los primeros discípulos. ¿Acaso no fue un objetivo parecido al de Esteban el que impulsó a William Wilberforce, el reformador del siglo XIX, «un hombre que cambió su tiempo» (John Pollock, en Os GUINNESS, *Character Counts* [El carácter cuenta], pág. 77), a superar monstruosas barreras para acabar con la esclavitud en Inglaterra? ¿No fue también el celo por proclamar el mensaje de la redención de Dios lo que, en 1741, dio la energía a Georg Friedrich Händel para componer el *Mesías* en veinticuatro días escasos? Sea que impulsemos reformas sociales, escribamos música, sirvamos a los clientes o preparemos la cena, Dios nos llama a concentrarnos en su voluntad y propósito para nuestra vida.

Cuando el propósito encuentra problemas

Cuánto más claro sea el propósito, más manifiesta será también la oposición. Es como si nuestros enemigos, visibles e invisibles, nos vieran con una diana en la espalda. Nehemías no fue una amenaza hasta que comenzó a reconstruir el muro (Nehemías 2:17-19). Daniel podría haber evitado el foso de los leones si no se hubiera puesto a orar, arrodillándose públicamente, como tenía por costumbre (Daniel 6:10). Esteban habría podido evitar la muerte por lapidación si, en su relato de la Historia de Israel ante el Sanedrín, hubiera moderado su lenguaje y no hubiera descrito a sus acusadores como hombres «¡tercos [y] duros de corazón y oídos!», empeñados en resistirse al Espíritu Santo (Hechos 7:51).

¡Contemos con ello! Cuando nos concentramos persistentemente en la realización de un propósito noble, algunas personas se pondrán furiosas. Pero Dios, que es el centro de nuestro propósito, está también presente en nuestros problemas. La resistencia de Nehemías contra sus detractores unió a los habitantes de Jerusalén alrededor de su misión. La supervivencia de Daniel en el foso de los leones afectó de manera tan profunda al rey que este promulgó un decreto para que, «en todo lugar de mi reino, la gente adore y honre al Dios de Daniel» (Daniel 6:26). Y el ejemplo más sublime: la crucifixión de Jesús —la mayor tragedia del mundo— acabó siendo el mayor triunfo de la Historia.

Reconozco que es difícil ver el programa general de Dios cuando nos encontramos en medio del problema. Pero siempre se está desarrollando un drama más amplio. Aunque no lo vi inmediatamente, el impacto de la muerte prematura de mi padre o el incendio que siguió me llevaron más cerca de Dios y, con el tiempo, a una relación vital con Jesucristo. Aunque no me di cuenta cuando los miembros del sindicato intentaban organizar a nuestra plantilla, lo cierto es que, enfrentarnos a aquella realidad, nos ayudó a realizar cambios importantes en nuestras actitudes y políticas hacia nuestros empleados. No lo percibí cuando el reportaje de ABC News situó a nuestra compañía en el centro de atención nacional, pero las positivas reacciones que generó me impulsaron a lo que hoy son mis principales objetivos, a saber, animar a otros con lo que Dios está haciendo en el ámbito comercial y empresarial.

Aunque nuestra visión es limitada, podemos estar seguros de que Dios está obrando. Él es fiel para poner de relieve sus propósitos, a menudo, de formas y en momentos que no esperamos. Es muy reconfortante saber que, aun cuando hay amenaza de tormenta, cuando las cosas parecen más difíciles, podemos confiar en él. Ciertamente, él hace que todas las cosas cooperen para el bien de aquellos que le aman y son llamados según su propósito (ver Romanos 8:28).

Propósito en el ámbito del trabajo

La claridad de propósito es esencial para las organizaciones, pero también lo es para los grupos de trabajo e incluso para cada uno de nosotros a nivel individual. Dentro de las organizaciones, los altos dirigentes son los principales responsables de definir el propósito de la organización. Analizando declaraciones de propósito de algunas compañías que conozco y admiro, algunas de ellas sobresalen por su claridad y tono.

C. P. Morgan, por ejemplo, construye unas tres mil viviendas cada año en la zona de Indianápolis. Chuck Morgan, el presidente, es un cristiano de elevados principios que quiere que la fe influya en todos los aspectos de la actividad de su empresa. La meta de Morgan para su empresa es: «Proporcionar a más personas más vivienda de la que han soñado» (www.cpmorgan.com).

Los irresistibles bretzels de *Auntie Anne's* pueden comprarse por todo el mundo. (¡Solo mencionarlos produce salivación!). Anne Beiler, su fundadora y presidente propuso que el propósito de la firma fuera ser una «resplandeciente luz en la comunidad comercial». Para conseguirlo se propusieron:

  a. Dirigir por medio del ejemplo
  b. Invertir en los empleados
  c. Dar generosamente
  d. Honrar a Dios
  e. Tratar a todo el mundo con integridad

En un mundo que trata con cinismo la cuestión de la avaricia en los negocios, la misión de *Auntie Anne's* es: «Nuestros beneficios se invertirán en ayudar a otras personas a desarrollar su potencial, y a mantener nuestra posición en el mercado como líderes en innovación. Nos esforzamos para que todo lo que hacemos sea un tributo al Dios que nos ha confiado esta tarea» (www.auntieannes.com).

Muchas organizaciones se están poniendo al día formulando declaraciones de propósito. Me siento muy identificado con esta actitud. Aun cuando llevábamos décadas en el ámbito comercial, nuestra empresa carecía de este tipo de formulación. Uno de nuestros directores externos nos hizo ver esta deficiencia, y nos pusimos a trabajar para forjar una declaración de visión. (Yo desarrollé el primer borrador, y después nuestros directivos se pusieron a trabajar en los ajustes). El texto de nuestra declaración afirma:

Nuestra visión es construir una familia de empresas excepcionales —con la meta de servir a sus clientes de formas peculiares y significativas— y que reflejen en todo la aplicación práctica de los valores bíblicos.

Esta declaración nos ha sido muy útil, y nos ha ayudado a dirigir a nuestro personal hacia la excelencia, a mantenernos enfocados hacia el servicio, ofreciendo un valor añadido a nuestros clientes y abrazando normas elevadas. Aunque las metas económicas no son nuestra directriz principal, en la medida en que hemos implementando nuestra visión, hemos prosperado de formas inimaginables para mí.

Puede que tu empresa tenga ya una declaración de propósito, pero que deba revisarse. ¿Puede tu influencia mejorarla? Los «trabajadores de a pie» también pueden infundir pensamientos inspiradores en su organización proponiendo sus ideas. Recuerdo que, hace unos años, uno de los principales fabricantes de automóviles estadounidense declaró que su objetivo para el año siguiente era subir un punto en la lista de las 500 mayores empresas del país que publica la revista *Fortune*. ¿Noble? ¡No! ¡Mediocre! Y quizá una oportunidad para que alguien de «la tropa» sugiera un objetivo más elevado.

Supongamos que diriges un departamento o equipo de trabajo. ¿Puedes agrupar las aspiraciones de tu equipo y proponer una declaración de propósito para tu grupo? Por ejemplo: «Nuestro departamento de atención al cliente se ha comprometido a coordinar los recursos de nuestra compañía para ofrecer una completa satisfacción a nuestros clientes». O un departamento de recursos humanos podría decir: «Nuestro propósito es promover una atmósfera de confianza, comunicación abierta, oportunidades y entusiasmo entre todos nuestros empleados».

Propósito para cada persona

Igual que clarificar su propósito ayuda a las organizaciones y a sus departamentos, cada uno de nosotros, como personas, podemos también beneficiarnos considerando detenidamente cuál es el principal objetivo de nuestras vidas. Por ejemplo, el mío es servir a Cristo, el Señor, como marido y padre, y extender su reino en el ámbito empresarial. Mi esposa, Wendy, ve su vida como una efusión de adoración al Señor, y un llamamiento a amar e interceder por mí, nuestra familia, la Iglesia, los judíos y todas las personas. Cuando nuestras vidas van de acá para allá, Wendy y yo volvemos a menudo a estas ideas esenciales para ayudarnos a concentrar nuestro tiempo y energía de la forma más productiva.

¿Cómo nos ayuda el hecho de clarificar nuestro propósito? Supongamos que eres un violinista en una orquesta sinfónica. Puede que algunos digan que tu única función es hacer sonar ciertas notas, pero tú puedes tener una idea más amplia y ver tu don musical como una maravillosa expresión de la creatividad de Dios. (¿No es acaso él quien ha dado a sus seguidores canciones, creatividad instrumental y música inspirada a lo largo de la Historia?). Esta perspectiva más amplia puede hacer que salir de la cama por la mañana e ir al «trabajo» sea una experiencia muy distinta.

¿Puede una persona que trabaja en una planta de fabricación disfrutar un noble sentido de propósito? Quiero hablarte de Mary. Aunque de pequeña estatura, físicamente frágil y aquejada de diabetes, Mary entró a trabajar como operaria de montaje en nuestra empresa. Era una mujer puntual y muy responsable, de radiante sonrisa e intachable, en palabra y en hechos. Su mayor activo era, no obstante, su preocupación por los demás. Estaba siempre dispuesta, si se le preguntaba, a hablar del Señor que tanto amaba. Y muchas personas querían saber. Cuando surgían necesidades y situaciones difíciles siempre se podía contar con Mary. Esta era, en última instancia, la misión de Mary. Mary encontró su propósito ayudando a las personas con las que trabajaba a experimentar el amor de su Salvador.

Rick Warren pregunta: «¿Qué pinto yo aquí?». Encontrar la respuesta a esta pregunta puede ser la clave para entender todo lo que Dios tiene para ti en el futuro. Te animo a hacerte esta pregunta, en relación con tu trabajo o cualquier esfera en que Dios te haya puesto.

¡Disfruta de los lunes encontrando el propósito de tu vida laboral!

10
Valores

El coraje es contagioso. Cuando un hombre valiente adopta una postura firme,
suele estimular a otros.

Billy Graham

El último problema que Archie Dunham esperaba tener entre las manos era una crisis en uno de los principales proyectos de construcción de su empresa. Sin embargo, puesto que era presidente y director ejecutivo de Conoco, Inc., el dossier (¡y el dilema!) había aterrizado sobre su escritorio con un ruido sordo. Dos de sus trabajadores habían sido despedidos por una flagrante violación de las normas de seguridad de la empresa. En protesta, toda la plantilla se había declarado en huelga. Su demanda era que, si sus dos compañeros no se reincorporaban a la empresa, ninguno de los empleados volvería a su puesto de trabajo.

Aunque Conoco suele contraer fuertes obligaciones económicas con los países en los que tiene instalaciones, su compromiso con sus valores esenciales es aún mayor:

> En Conoco, todo lo que hacemos está orientado por nuestros valores esenciales de la seguridad, la responsabilidad medioambiental, la valoración de todas las personas y el mantenimiento de elevadas normas éticas. Estos valores esenciales forman parte estructural de nuestra cultura. Son un aspecto fundamental para la sostenibilidad y para nuestro objetivo de ser reconocidos por todo el mundo como una gran empresa.

Se trataba de un conflicto entre tres factores: primero, el trastorno y el coste que suponía detener un importante proyecto de construcción; segundo, el valor que la empresa daba a sus trabajadores en todos los países en que trabajaba; en tercer lugar, la importancia de mantener los valores de la compañía, en especial, su acento en la seguridad. Dunham consideró los hechos, contempló las probables implicaciones y concluyó que las prioridades de la compañía eran correctas. Con el debido respeto a las sensibilidades culturales del país en que se estaba construyendo la nueva planta, la seguridad de sus empleados era su principal consideración. Si sus normas de seguridad no se respetaban, todas las instalaciones y sus empleados estarían en peligro. Dunham concluyó: «No vamos a readmitir a los dos empleados».

Una visita inesperada

Pocas semanas después de tomar esta decisión, y con la cuestión todavía pendiente de resolución, el presidente del país donde la empresa estaba ubicada visitó al Sr. Dunham en la sede de Conoco en Houston. Explicó a Dunham que los sindicatos tenían mucho poder en su país, y que Conoco tenía que replantearse la readmisión de los dos trabajadores sancionados. «Esto sería lo mejor para Conoco, para el sindicato y para nuestro país".

«Sr. Presidente —respondió Dunham—, debe entender una cosa. Nosotros apoyamos los valores esenciales de nuestra empresa. Uno de estos valores es la seguridad de las personas que trabajan con nosotros. Estos dos hombres pusieron en peligro la seguridad de sus compañeros. Esta es la razón por la que les despedimos, y no vamos a readmitirlos».

Dunham siguió diciendo: «Sr. Presidente, me gustaría que llevara este mensaje de nuestra parte al sindicato: no readmitiremos a los dos trabajadores, aunque tengamos que detener la construcción porque, para nosotros, nuestros valores esenciales son muy importantes».

Al cabo de dos semanas, toda la plantilla, menos los dos trabajadores sancionados, había vuelto al trabajo. El mensaje había quedado claro. Los valores esenciales de Conoco no eran negociables.

¿Es posible que esta lealtad a sus principios sea una de las cosas que hacen de Conoco (ahora Conoco-Phillips) una de las compañías más admiradas y productivas del país (*Business Week*, 4 de abril de 2005)? ¿Podría, acaso, ser uno de los factores que explican su asombroso éxito durante un período de agitación en el sector de la energía?

¿Por qué valores esenciales?

La Biblia no usa el término «valores» en el sentido más frecuente que le damos hoy. Lo que más se acerca es cuando la palabra se usa para valorar al ser humano, como en Mateo 10:31: «Así que no tengáis miedo; vosotros valéis más que muchos gorriones».

Desde un punto de vista histórico, la definición dominante que los diccionarios han hecho de los valores ha sido económica: «el valor de una cosa en dinero o bienes de consumo en un determinado momento; precio de mercado». Los diccionarios más recientes amplían el uso: «Un principio, norma o cualidad considerada digna o deseable». O en otro: «aquello que es deseable o digno de aprecio por sí mismo; cosa o cualidad que tiene un valor intrínseco».

Las organizaciones modernas han ido avanzando constantemente en el desarrollo de unos «valores» definidos. En las culturas occidentales, esta necesidad se ha hecho cada vez más evidente a medida que nos hemos ido apartando de los «valores tradicionales» arraigados en la ética judeocristiana.

Stephen Covey, respetado autor de *Los 7 hábitos de la gente altamente efectiva*, cree, basándose en sus estudios de este tema, que el cambio en cuestión se produjo después de la Primera Guerra Mundial.

En aquel periodo, nuestra nación comenzó a hacer un cambio desde lo que él llama ética del carácter (cosas como integridad, humildad, valor, justicia y la regla de oro) hacia una ética de la personalidad (técnicas, soluciones rápidas, una especie de «tiritas y aspirinas sociales»).

Tristemente, nuestra cultura ha ido distanciándose cada vez más de nuestras raíces éticas y morales. Hemos redefinido y exaltado conceptos como la tolerancia y el pluralismo, hasta el punto en que lo que, en otro tiempo, se consideraba absoluto se estima arcaico e irrelevante. En cambio, como señala Os Guinness en *The Call* (el llamamiento): «Los puritanos vivían como si se hubieran tragado un giroscopio». Me encanta esta imaginería; la idea de que nuestros antepasados tenían estabilizadores internos, basados en la fe, que gobernaban sus pensamientos y acciones y les mantenían en su curso.

Los puritanos estaban impregnados de las Escrituras. Para ellos, por ejemplo, los diez mandamientos no habían sido anulados, sus verdades eran permanentes. Estos diez mandamientos eran los «valores» de su tiempo: honrar y adorar solo a Dios, no tomar su nombre en vano, guardar la celebración del Sabbat, respetar a los padres, guardarse de matar, de cometer adulterio, robar, codiciar y dar falsos testimonios. Este decálogo devino la brújula cultural durante un buen trecho de la larga historia de la civilización (ver Éxodo 20). Por ejemplo, la obra *Blackstone's Commentaries*, de la década de 1760-70, base de nuestro sistema legal, se fundamenta completamente en la ley de Dios. El impulso que llevó a la fundación de muchas de nuestras grandes universidades, la creación de hospitales e instituciones para el cuidado de los pobres y necesitados surgió de una perspectiva bíblica.

Bien entendido, el énfasis actual de las empresas en el desarrollo de unos valores esenciales, no es sino un esfuerzo por comprender y aplicar aquellas ideas fundamentales que han configurado lo mejor de nuestra cultura y han superado la prueba del tiempo. Al respecto, una organización declara: «Estas son las directrices por las que queremos conducirnos y gobernarnos. Este es nuestro esfuerzo por definir nuestra cultura».

¿Es este un énfasis correcto? Como hemos observado en el caso de Conoco, mantener nuestros valores esenciales es algo vital. El profundo compromiso del Sr. Dunham con la seguridad no solo permitió que la compañía pudiera manejar una confrontación muy tensa, sino que también envió un claro mensaje a toda la empresa. Dunham es un ejemplo perfecto de cómo los altos cargos forman el carácter de las organizaciones que lideran. Cuando esto no sucede, las compañías son arrastradas hacia el denominador común más bajo de la sociedad. Puesto que este denominador común está con demasiada frecuencia moldeado por una «agenda» abiertamente antibíblica, y difundida mediante los altavoces de la principal corriente cultural como la televisión y la educación superior, hemos de tener todavía más cuidado para aferrarnos a la definición que antes hemos citado: «principios, normas o cualidades consideradas dignas o deseables».

Los valores esenciales tienen otros beneficios, y es que definen lo que hace que las organizaciones sean peculiares: lugares deseables para trabajar y con quien hacer negocios.

Son poderosos conductores hacia el cambio, llamando a las personas a asumir normas más elevadas (levantamos todavía más la barra de la carretilla elevadora).

Estos valores son una adecuada coacción que conduce a la libertad, puesto que cuando la gente sabe qué representa una determinada organización, es entonces libre para tomar decisiones independientes dentro de aquel contexto. Conocen los límites y confían en que otras personas también comprometidas con los mismos valores les apoyarán.

Tales valores ayudan a configurar una cultura empresarial, influyendo así en la efectividad organizativa. Tras una extensa investigación, el Dr. Daniel Denison, antiguo profesor de la Universidad de Michigan y de la Escuela de Administración de Empresas, ha descubierto que la cultura empresarial acaba teniendo un fuerte impacto en el rendimiento de la compañía: sus beneficios, cuota de mercado, retorno de la inversión, ventas y crecimiento. (Daniel DENISON, *Corporate Culture and Organizational Effectiveness* [cultura empresarial y efectividad organizativa]).

Los valores esenciales no tienen necesariamente que ser muy modernos. Su efectividad se caracteriza muchas veces por su durabilidad y sencillez, como los valores esenciales del Cuerpo de Marines de los EE.UU.: honor, valor y compromiso. Estos valores no han cambiado a lo largo de la ilustre historia del Cuerpo, cuyo inicio se remonta a 1773. El general Charles Krulak, que se retiró en 1999 como comandante de los Marines, descubrió que los jóvenes reclutas de hoy responden bien a expectativas claras y definidas. «Define bien las reglas del juego, y jugarán admirablemente dentro de ellas», dice Krulak. Esta realidad es transferible a todas las organizaciones de nuestro tiempo y esto debe animarnos en el sentido de que podemos y debemos definir y modelar culturas empresariales basadas en valores sólidos y claros.

Nuestra experiencia

Hemos descubierto que toda nuestra plantilla, desde los directores hasta el personal que se ocupa de la entrada de datos, apoyan firmemente nuestros tres valores esenciales: integridad, excelencia y profundo respeto por la persona. Es fácil ver que todos ellos tienen raíces bíblicas, lo cual les imparte una cualidad permanente. Todos ellos son fáciles de enseñar y ejemplificar. Todos se prestan a una continua evaluación y revisión, incluso en el caso de los altos cargos de la compañía.

Nunca olvidaré a uno de los empleados de una fábrica que me hizo ver este asunto. Este hombre vino un día a mi oficina y con todo respeto sugirió que nuestros directivos habían violado uno de nuestros valores esenciales. ¡Inmediatamente captó mi atención! «Me han pasado por alto para una promoción —me dijo Mark—. Pero no es esto lo que me molesta. Creo que la empresa no ha tenido respeto hacia mí, porque me he enterado de este asunto por comentarios de los compañeros. Estaba en casa por baja médica y, al cabo de pocas horas de la decisión, varios compañeros de trabajo me llamaron para decirme que me habían denegado la promoción». «Mark, me enteraré de lo que ha pasado y te diré algo» —le aseguré.

Normalmente somos muy meticulosos en visitar personalmente a todos los empleados que han solicitado una promoción, independientemente de que se le haya o no concedido. En este caso no lo hicimos. Indagando en lo sucedido, me enteré que el consejo de administración de la fábrica había hablado del asunto y había decidido que sería «más compasivo» no llamar a Mark a casa, recuperándose como estaba de una operación quirúrgica. Analizando lo que pasó, fue una decisión equivocada entre dos valores enfrentados. Mark y yo nos reunimos para hacer un seguimiento del asunto y todo quedó perfectamente claro. Él salió contento de mi oficina, y yo sonreí, con profunda satisfacción. Nuestros valores fundamentales habían penetrado hasta tal punto en la organización, que un empleado por horas se había sentido libre para expresar sus inquietudes y trabajar hacia una resolución, en lugar de callar y albergar resentimiento.

¿Qué valores?

Una vez que una organización se compromete a establecer unos valores esenciales, queda la tarea nada fácil de identificar aquellos que son más apropiados. Tales valores deben reflejar las sinceras convicciones de los altos cargos, puesto que ellos serán sus principales defensores. Puede que algunas empresas deban considerar cómo ven sus valores, por ejemplo, los miembros del consejo directivo, los accionistas, los analistas bursátiles y el público en general. El temor de ofender, ser objeto de crítica o hasta de enfrentar una oposición organizada puede, a veces, hacer que se suavicen hasta tal punto estos valores que estos sean de poca o ninguna utilidad. «Valores» como «maximizar los beneficios», «aumentar la cuota de mercado» y «mejorar la sociedad» se situarían dentro de esta categoría. Es evidente que no todos los valores son iguales.

¿Hay acaso algún ideal en la elección de los valores? Siempre que sea posible, las organizaciones deberían extenderse hacia valores basados en la Biblia. Algunos temas a tener en cuenta serían: servicio, honestidad, ética, honor, familia, valor personal, autodisciplina, responsabilidad y rendición de cuentas. Esta clase de valores tienen una solidez que los hace estables.

Ponerlos en un lugar prioritario y vivirlos es una forma práctica de acercar el reino de Dios un poco más a nuestra vida diaria.

He estado analizando declaraciones de valores de varias empresas, privadas y públicas, que han sido influenciados por un liderazgo cristiano. Personalmente me sorprendió y animó su amplitud, creatividad y, en muchos casos, la claridad con que reflejaban los patrones de Dios.

Valores con sustancia

Integridad. «Nuestras acciones reflejarán nuestro compromiso absoluto con una conducta ética y honesta. En situaciones de incertidumbre, usaremos siempre nuestro mejor juicio para hacer lo "CORRECTO"». Alaska Airlines

Crecimiento. «El crecimiento es importante y deseable. Normalmente implica que respondemos adecuadamente a las necesidades del mercado». Cass Bank and Trust Company

Diversidad. «Damos valor a los puntos de vista distintos. Hombres y mujeres de distintas razas, culturas, y trasfondos enriquecen la generación y utilidad de estos distintos puntos de vista». Eastman Chemical

Beneficios. «Los beneficios no son el propósito de nuestro negocio y no deben perseguirse como un valor intrínseco. Más bien, es una necesidad si queremos seguir prestando servicio a nuestros clientes». A. G. Edwards and Sons, Inc.

Mejora continua. «La continua mejora de nuestro servicio es la fuerza impulsora de todo lo que hacemos, y la responsabilidad de cada persona de la empresa». Emerson Motor Company

Equilibrio personal. «Estimulamos y apoyamos el equilibrio en nuestras vidas y reconocemos que las familias son un aspecto importante de este equilibrio». Fresh Express

Cambio. «Creemos que el cambio es una forma de vida; debemos recibirlo con una actitud abierta y expectante; debemos crear los cambios y forzarlos. No hemos de esperar para responder al cambio suscitado por otros». Gordon Food Service

Respeto por las personas. «Apreciamos el valor intrínseco y la singularidad de cada ser humano. Reconocemos la aportación y el honor de cada persona y sus opiniones. Nuestra atmósfera de trabajo es abierta, honesta, comprensiva y gratificante. Nuestra empresa se construye sobre la confianza». Graphic Packaging Corporation

Responsabilidad. «Asumir nuestra responsabilidad fortalece el deseo de superación y permite que los miembros del equipo crezcan como personas». GuideOne Insurance

Absolutos morales y éticos. «Los absolutos morales y éticos no existen fuera del contexto de un Ser Supremo, Creador y Dios. Los absolutos morales y éticos, las normas y directrices de Dios, imparten estabilidad y propósito. Sin absolutos morales y éticos, hay confusión, inestabilidad y una existencia sin sentido. Los principios rectores de nuestra compañía tienen, pues, su raíz en las inmutables leyes y normas de Dios, que aceptamos sin componendas». Metokote Corporation

Estas declaraciones de importantes empresas deben animarnos en la convicción de que es posible afirmar principios rectores en ideas permanentes. Por ejemplo, cuando Alaska Airlines anima a sus empleados a usar su «mejor juicio» para hacer lo correcto, están reconociendo que estos tienen un sentido intrínseco del bien y el mal, y les animan a obrar en consecuencia.

En otro de los ejemplos citados, Cass Bank and Trust ensalza la importancia del crecimiento. El crecimiento es de hecho un reflejo de la naturaleza de un Dios creador, que controla un universo en expansión y que está dispuesto a confiarles cada vez más aspectos a quienes le siguen.

Finalmente, en Metokote son muy claros (osados, dirían algunos) al describir la base de sus valores esenciales. Unos valores que conectan directamente con las inmutables leyes de Dios y, al hacerlo, acercan su reino un poco más a la Tierra. ¡Qué grandiosa aspiración para cualquier trabajo!

¿Hasta qué punto podemos llegar?

Como muchos de nosotros, Stephen Resch, profesor adjunto de la Universidad Wesleyana de Indiana en Fort Wayne, se hace preguntas sobre valores en conflicto. Se pregunta, por ejemplo: «¿Puedes acaso, como presidente de una empresa, pedir a tus empleados que vivan según ciertas normas absolutas, solo porque tú lo dices, cuando la cultura circundante es relativista y pragmática?». Una pregunta difícil. Mi respuesta es sí, al menos en aquellos aspectos en que el carácter de la norma es absoluto. Normas como la honestidad y la conducta ética no tienen margen de interpretación.

Estoy de acuerdo en que la cultura de nuestro tiempo es «relativista y pragmática». Creo, sin embargo, que nuestros dirigentes tienen la responsabilidad de definir la subcultura de sus organizaciones, de decir: «Esta es nuestra identidad. Esto es lo que creemos, y esta es la conducta que se espera de nosotros». Sea el Cuerpo de Marines, un equipo de futbol profesional, Dow Chemical o el gobierno de los Estados Unidos, no es la cultura externa la que debe dictar las normas, sino sus líderes. (Por analogía, los padres han de establecer la subcultura de sus hogares. La afirmación de que «ya lo hacen los demás» no debería tener mucho peso).

Creo que es imperativo que quienes están en el liderazgo sigan y ejemplifiquen los valores de la empresa. (De otro modo sería hipócrita por parte de los dirigentes esperar que los demás los observen). Los altos ejecutivos, los jefes de departamento y los encargados representan al liderazgo de la empresa. Todos ellos han de «apoyar» y modelar los valores de su organización. En nuestras empresas esperamos esto de nuestros dirigentes y tenemos en cuenta su alineamiento con nuestros valores como un aspecto clave para evaluar su rendimiento.

¿Y los que no participan del liderazgo? Hay que dar más margen en ciertas áreas, pero no en lo que respecta a los valores fundamentales. No les pedimos, por ejemplo, que se sujeten a las mismas normas que los líderes en ciertos aspectos de su conducta personal, como sus medios y estilos de vida. Pero practicamos la tolerancia cero cuando se trata de conducta deshonesta o insubordinada.

Resch se pregunta también, «en una sociedad pluralista, ¿debe la tolerancia tener límites? ¿Cómo debería esto reflejarse en el manual (de la empresa)?». La tolerancia debe tener límites. Tanto en el ámbito de la familia como en el de la empresa, deberíamos poder decir: «Esto lo puedo tolerar, pero no esto otro». En el caso de Conoco y su proyecto de construcción, fueron inflexibles en no «tolerar» violaciones de las normas de seguridad. La seguridad estuvo por encima de la libertad individual de los dos empleados que desafiaron las normas y se pusieron en peligro. El manual de la empresa puede tener en consideración la diversidad y, al tiempo, trazar obligaciones innegociables. En aquellas cuestiones en que los puntos de vista personales chocan con los valores que la empresa ha definido, estos últimos tienen la prioridad.

Una última pregunta (podrían hacerse otras muchas) sobre estos conflictos de valores nos la plantea un hombre desde Tulsa, Oklahoma. Trata directamente un asunto cada vez más acuciante: «¿Cómo podemos trabajar de manera efectiva con clientes o colaboradores homosexuales? La nuestra es una empresa "inclusiva", lo cual significa que aceptamos a todas las personas sea cual sea su raza, género, orientación sexual, religión, etc. Muchas de estas personas tienen valores morales que chocan directamente con los míos, y esto produce tensiones o nos aboca a actitudes cautelosas. ¿Cómo se puede trabajar de forma eficiente y ser una bendición en esta atmósfera?».

Es casi imposible no ver los profundos conflictos que suscitan en nuestras sociedades las cuestiones relacionadas con la orientación sexual, las creencias religiosas, los derechos de los no nacidos, la clonación, la investigación con células madre y otros desafíos de orden ético y moral. Tanto en el plano personal como en el colectivo, las distintas culturas chocan ferozmente. No siempre podemos escoger a nuestros compañeros de trabajo o clientes, ni eludir los dilemas éticos y morales de nuestro tiempo. A veces nos encontramos de frente con ellos.

¿Cómo aconsejarías a la persona que enfrenta el dilema laboral que acabamos de describir? A fin de cuentas, puede que no tengamos la menor indicación de lo que sucede en la vida de la otra persona o de cómo puede estar obrando el Señor. Pero es reconfortante saber que Dios conoce íntimamente la situación de cada ser humano: «Nuestros caminos están a la vista del Señor; él examina todas nuestras sendas» (Proverbios 5:21). Esto nos da confianza para pedirle sabiduría; de hecho, este es siempre el mejor punto de partida.

He descubierto que la Palabra de Dios puede aportarnos una gran claridad cuando los valores parecen estar en conflicto. El salmo 85:10, por ejemplo, ilustra muy bien la convergencia de dos aspectos distintos de la naturaleza de Dios: «El amor y la verdad se encontrarán». (¡Me encanta imaginar a estas dos poderosas «personalidades» disfrutando de una buena conversación mientras toman un café!).

A veces, al tratar problemas en el ámbito laboral, he sido muy generoso con la misericordia, pero me he quedado corto en impartir la necesaria dosis de verdad. Otras veces, he sido todo verdad y me he olvidado de la necesaria compasión. Jesús tenía la sorprendente capacidad de integrar la misericordia y la verdad, la compasión y la responsabilidad, logrando un generoso y eficaz equilibrio. Consideremos, por ejemplo, el caso de la mujer sorprendida en adulterio, que fue llevada delante de él. Jesús convirtió aquella explosiva confrontación en una impactante demostración del amor del Padre, expresado como misericordia unida con la verdad.

Misericordia: «Aquel de vosotros que esté libre de pecado, que tire la primera piedra» (Juan 8:7).

Cuando la multitud se hubo retirado avergonzada, Jesús se volvió hacia la mujer y la amonestó.

Verdad: «Ahora vete, y no vuelvas a pecar» (Juan 8:11).

Cuando seguimos de cerca a Jesús, también nosotros encontraremos formas de decir la verdad sin dejar de extender su misericordia: gracia y amor.

Usando tu influencia

¿Estás en una posición que te permite influir en la política de tu organización? Si es así, considera cómo puedes proteger el desarrollo de las políticas y procedimientos del personal. Las políticas de las empresas son a menudo como las riberas de los ríos, que si se descuidan, sufren un deterioro. Por ejemplo, últimamente, muchas empresas grandes han concedido los mismos beneficios a sus empleados que viven en una situación de pareja de hecho que a los casados, otorgándoles las prestaciones de la seguridad social y otros beneficios con todo lo que ello implica. Muchas veces, los consejos de administración han aceptado las recomendaciones de algún consultor o cedido a un grupo de presión sin plantearse seriamente si este tipo de concesiones sirven realmente al bien de toda la organización, o si, por el contrario, pueden fomentar estilos de vida contrarios al plan de Dios. Sin embargo, en ciertas organizaciones ha habido «centinelas» que se han acercado a estas cuestiones de un modo amable pero firme, para impedir que se apliquen este tipo de políticas, manteniendo el profundo respeto inherente a todas las personas.

Si tu posición no te permite ejercer una influencia directa, puedes, aun así, hacer muchas cosas. Puede que haya situaciones en que tengas que correr el riesgo de cuestionar directamente ciertas políticas. Recuerda que esto es exactamente lo que hizo Ester, provocando un asombroso giro en los acontecimientos. Puedes pensar a fondo y encontrar formas de encarnar y aplicar determinados valores colectivos en tu área de responsabilidad. Pueden también adoptarse «subconjuntos» de valores colectivos, como requerir precisión y exactitud en un departamento de contabilidad o promover la innovación en una función de diseño. Y aunque los valores de tu empresa no sean bíblicos, puedes usar tu influencia para aplicar este tipo de valores en tu esfera inmediata. Esto fue lo que hicieron Daniel y sus amigos en la hostil atmósfera de Babilonia. Puede incluso producirse un efecto contagio en el que una parte influye en el todo, especialmente cuando este tipo de acercamiento hace que un departamento o sección consiga un visible incremento de su rendimiento.

Por último, nunca limites el poder de la oración y de las iniciativas guiadas por el Espíritu. «El Señor recorre con su mirada toda la tierra, y está listo para ayudar a quienes le son fieles» (2Crónicas 16:9). Puede que Dios te haya puesto precisamente donde tienes que representar sus intereses.

Haciendo que los valores sean algo vivo

La mera redacción de una declaración de valores no es gran cosa, si estos no se comunican después, en profundidad, a toda la organización. Y esto es mucho trabajo. Para que la enseñanza sea eficaz, los dirigentes de la empresa deben vivir los valores que proponen. Unos valores que deben también ser objeto habitual de análisis e integrarse profundamente en la dinámica empresarial. (Para poner de relieve la importancia de este punto, quiero mencionar que, según un artículo de prensa, la otrora imponente Enron profesaba esencialmente los mismos valores fundamentales que nuestra empresa).

Podemos contribuir a que los valores sean algo vivo, creando y potenciando culturas empresariales que los acepten y refuercen. Esto puede hacerse reconociendo y recompensando aquellas acciones que reflejan un compromiso con dichos valores. Puede también ser necesario desmontar aquellas barreras estructurales o sistémicas que dificultan la implementación de tales valores, como los procesos o procedimientos innecesarios o burocráticos.

Los valores son uno de los temas habituales en nuestras reuniones de empresa. Ocasionalmente, hemos llevado a los empleados a otro lugar para formarles más a fondo en estos valores. Nos gusta hacer que todos se impliquen en este proceso. Por ejemplo, una vez planteamos este reto a nuestros empleados en una reunión de la empresa: «Nuestra junta directiva subió a un monte y descendió con tres valores fundamentales: integridad, excelencia y un profundo respeto por las personas. Nos gustaría que *vosotros* formarais equipos y plantearais ideas para hacer que estas cosas sean algo práctico en nuestra empresa». Se tomaron esta tarea muy en serio, y en nuestro Día de los Valores presentaron sus creativas ideas. A todos se les dio una camiseta con nuestros tres valores serigrafiados. Se desplegó una pancarta en el techo de nuestra fábrica que decía:

> Que los empleados de Beckett sean conocidos por todo el mundo por su compromiso con sus valores: Integridad • Excelencia • Profundo respeto por las personas.

Se creó un juego de mesa para ayudarnos a alinear nuestros valores con nuestras acciones. Nuestros valores esenciales aparecieron en tarjetas identificativas y títulos de dirección electrónica. Fue una actividad muy divertida y muy efectiva también para transmitir un mensaje con fuerza: los valores solo tienen sentido en la medida que estemos dispuestos a interiorizarlos y a vivirlos.

Sea cual sea tu posición en tu empresa, no dejes su cultura en manos del azar. El carácter de tu organización es demasiado importante. Define lo que crees y defiendes. (Recuerda la verdad del adagio: cualquier camino es bueno para el que no sabe adónde va). Establece valores elevados. Vívelos. Verás que sus raíces se van extendiendo y haciéndose más profundas con las pruebas, igual que los grandes robles son más capaces de adaptarse a las adversidades cuando soportan fuertes vientos y tormentas.

Si en tu vida laboral te enfocas correctamente en los valores, desarrollarás la confianza de que, cuando surjan los problemas, cuando haya que tomar decisiones rápidas, cuando las tentaciones acechen, tu giroscopio va a estar preparado. Te adaptarás a los elementos. ¡Podrás decir confiadamente que has encontrado sentido a tu vida laboral!

11

Primero son las personas

Nunca te dejes llevar por la persona que, con su enfoque de las cosas, inspira en
ti la conclusión de que Dios es duro.
Dios es más tierno de lo que podemos concebir.
Oswald Chambers

Asistir en junio del 2005 a la campaña de Billy Graham en Nueva York
fue una experiencia conmovedora y preciosa. El Dr. Graham, que en aquel
momento tenía ochenta y seis años, hablaba con la misma sinceridad, sencillez
y claridad que ha caracterizado su ministerio durante más de cincuenta años.
Me encontré escuchando atentamente todas sus palabras.

Era la Noche de la Juventud, y estaba flanqueado por miles de jóvenes.
Eran una increíble muestra representativa de razas y orígenes que solo puede
verse en una ciudad como Nueva York.

Hacia el final de su mensaje, el Dr. Graham se inclinó hacia delante sobre el
púlpito, fijó los ojos en los jóvenes y, de forma muy pausada, dijo: «Dios te ama».

Si esta fue, como muchos creen, su última cruzada, Graham no podía
haber dejado a sus oyentes un legado más desesperadamente necesario que el
mensaje contenido en estas tres palabras.

Dios te ama.

Confío que estas palabras ardieran en el corazón de todos los oyentes
como en el mío. El gran amor del Padre por cada ser humano es la razón por
la que a cada seguidor de Cristo se le llama a poner primero a las personas. Sí,
muchas fuerzas militan contra esta prioridad en el mundo empresarial: equi-
librios con los beneficios, trato con personas que rinden menos de lo esperado,
problemas interpersonales. No obstante, desde la perspectiva de Dios no hay
prioridad más elevada en la Tierra que las personas.

En este capítulo, quiero ahondar un poco en este tema. Vamos a comenzar con la historia de Megan, que representa uno de los acontecimientos más
asombrosos que he experimentado, no solo en el ámbito laboral, sino también
en mi vida.

La historia de Megan

Hacía poco que Vic había sido nombrado director de nuestra planta, y yo
me pasé por su oficina para charlar un poco con él y ver cómo le iba. Su amplia

sonrisa y actitud alegre confirmaban su entusiasmo por su nueva posición. Esta es la razón por la que, cuando un poco más tarde llamó a mí oficina, me sentí más desconcertado. La sonrisa había desaparecido. Su expresión sombría ocultaba evidentemente un corazón apesadumbrado.

«Una de nuestras empleadas, una chica joven, ha dicho que quería verme», dijo Vic con tono apesadumbrado. «Me ha pedido un día libre por razones personales. Sin preguntarle nada, le he dicho que no había problema. Pero ella se ha mostrado indecisa, como si quisiera decirme algo más». Vic hizo una pausa y sacudió la cabeza: «Sr. Beckett, me ha dicho que necesitaba el día libre para practicarse un aborto».

A Vic no le salían las palabras. «He intentado hablar con ella, le he dicho que la empresa haría todo lo posible por ayudarla. Pero ella me ha dicho que no tiene elección. Está decidida».

«Vic —le dije—, no estoy seguro de lo que tenemos que hacer. ¿Pero por qué no oramos ahora al respecto?».

Vic dijo que sí, pero añadió que no podía darme su nombre. Había prometido mantener la confidencialidad.

Aquella noche, en casa, le expliqué la situación a Wendy. También nosotros oramos por aquella joven, desconocida para nosotros, pero no para Dios.

No es extraño que algunas veces me despierte de madrugada. (Normalmente suelo atribuirlo a una cena demasiado abundante). Pero aquella noche era distinto. Me desperté hacia las dos de la madrugada pensando en aquella chica. De repente —para mi asombro— le «vi» la cara y supe su nombre. ¿Podía ser un sueño? No, porque estaba completamente despierto.

A la mañana siguiente, todavía procesando aquello, fui directamente a ver a Vic. «Sé que no puedes decirme quien habló contigo. ¿Pero si yo te dijera su nombre, tú me lo confirmarías?», le pregunté.

«Hombre... sí...».

«Fue Megan, ¿no?» —Vic estaba estupefacto.

«Entre tantos empleados, ¿cómo lo has sabido?». Le conté a Vic lo que me había sucedido aquella noche. Nos sentamos unos minutos en silencio y después acordamos pedirle a Megan que se uniera a nosotros.

«Megan, quiero decirte en primer lugar que Vic no ha roto su compromiso contigo. Él no me dijo tu nombre. Pero sí me contó la situación». Megan puso los ojos como platos, preguntándose qué diría ahora.

«Ayer Vic y yo oramos por esta situación, pidiéndole al Señor que nos dé sabiduría para saber cómo actuar en esta situación. Por la noche, cuando llegué a casa, mi mujer y yo también oramos al respecto. ¿Puedes creerte que me desperté de madrugada con la imagen de tu rostro y tu nombre? ¡Supe que eras tú! Esta mañana se lo he contado a Vic, y se ha quedado tan sorprendido como yo. Ahora he de hacerte una pregunta, Megan: ¿Qué crees que significa todo esto?»

Megan se revolvió incómoda y dijo: «Creo que Dios quiere decirme algo».

«Esto es lo que creo yo también» —repuse yo.

Seguimos hablando y las lágrimas comenzaron a resbalarle por las mejillas. Megan nos habló de su difícil situación: problemas económicos, una compleja relación con el padre de la criatura que llevaba en el vientre. «No sé cómo sobrellevar todo esto. No veo ninguna salida. No es lo que quiero hacer, pero creo que no tengo otra opción».

Le pregunté a Megan si quería que oráramos juntos y me dijo que sí.

«Señor —dije—, sabemos que amas mucho a Megan. Tú ves la decisión tan dura y crucial que tiene que tomar. Dale, por favor, sabiduría para que sepa lo que tiene que hacer». Cuando Megan salió de mi oficina aquel día, ni Vic ni yo teníamos idea de lo que iba a hacer. En contra de cualquier instinto natural, parecía haberse endurecido frente a lo que ella misma describió como la decisión más difícil de su vida. ¿Aparecería Megan por el trabajo al día siguiente? De no hacerlo, estaría siguiendo con su decisión de abortar. Lo primero que hice la mañana siguiente cuando llegué al trabajo fue preguntarle a Vic.

«Está aquí —dijo con cauteloso optimismo—. ¡Ojalá signifique que ha cambiado de opinión!».

«Hablemos con ella» dije yo.

Cuando vi a Megan aquella mañana parecía haberse quitado un enorme peso de encima.

Con lágrimas en los ojos y una sonrisa de oreja a oreja, dijo atropelladamente: «¡He decidido tener el bebé!».

Me puse a llorar. Vic también. Reímos y nos abrazamos. Le aseguramos a Megan que estaríamos a su lado en todo lo que necesitara —ayuda con los gastos médicos, tiempo libre, necesidades del bebé—, lo que fuera. Nosotros nos ocuparíamos de que tuviera la ayuda que necesitara.

Entonces sentí como si el Espíritu Santo me indicara que debía dar un paso más. Lo que dije a continuación no fue nada premeditado, surgió de manera totalmente espontánea: «Megan, has visto lo mucho que el Señor te ama y se preocupa por ti. ¿Te gustaría invitarle a entrar en tu vida?».

Fue casi como si esperara esta pregunta. Megan respondió sin dudarlo: «Sí, me gustaría». Hablamos brevemente sobre lo que significa entregarse a Cristo y después oramos los tres. Nunca olvidaré la cara que tenía cuando abrió los ojos y levantó la vista. En aquel breve espacio de tiempo, Megan se había convertido en otra persona.

Aun hoy, después de tanto tiempo, no encuentro palabras adecuadas para expresar lo mucho que aquella experiencia significó para mí. Ver la gran preocupación del Señor por aquella joven angustiada. Vivir el milagro de Dios revelándome la identidad de Megan en plena noche. Y especialmente, experimentar todo esto en el entorno normal de una empresa con personas «corrientes» como Vic y yo. Dos vidas salvadas: el hijo no nacido de Megan y, espiritualmente, también ella. ¡Qué privilegio tan sorprendente!

El corazón de Dios hacia las personas

En capítulos anteriores, me he referido al moderno fenómeno de la actividad de Dios en el entorno laboral. Es algo que está sucediendo en miles de organizaciones, grandes y pequeñas. No se trata de una ilusión, o de una moda pasajera: es algo real.

¿Pero por qué sucede? Entre las muchas razones que podemos citar, creo que la más importante es el apasionado deseo que tiene Dios de alcanzar y desarrollar a las personas. Está actuando en el ámbito laboral porque es donde están las personas, cientos de millones por todo el mundo. La mayoría de estas personas no van a la iglesia. No asisten a reuniones de evangelización. Puede que algunos sintonicen un canal religioso de vez en cuando, o lean un buen libro. Pero una cosa está clara: todos están en su puesto de trabajo durante más de dos mil horas al año.

¿Habría llevado Megan su problema a un pastor si hubiera conocido a alguno de confianza? Es posible. ¿Habría visitado la consulta de algún consejero profesional? Es poco probable. Sin embargo, en el ámbito de su jornada laboral, Dios preparó el camino para el acontecimiento más importante de su vida. Es vitalmente importante que aquellos a quienes Dios llama a servir en el entorno laboral hagan todo lo posible por alinearse con su prioridad de ayudar a las personas.

La Biblia abunda en referencias al amor de Dios para con nosotros. David habla de «los santos [en quienes Dios tiene] *toda* [su] complacencia» (Salmo 16:3, cursivas del autor). La palabra «toda» no puede ser más abarcadora. El profeta Sofonías nos asegura: «El Señor tu Dios está en medio de ti, como guerrero victorioso. Se deleitará en ti con gozo, te renovará con su amor, se alegrará por ti con cantos» (Sofonías 3:17).

¡Qué imagen tan hermosa: el Señor deleitándose en nosotros, cantando incluso de alegría por su pueblo!

Jesús se hizo eco de este aspecto de la naturaleza de Dios, mejor que nadie. En una ocasión contó la historia de un hijo derrochador. Probablemente la recuerdas: el hijo menor de dos hermanos pidió su parte de la herencia paterna, se fue de casa y malgastó su patrimonio viviendo de forma libertina. Cuando, finalmente, tocó fondo, volvió a casa, con la idea de trabajar, en el peor de los casos, como jornalero de su padre. Sin embargo, su padre pidió a sus siervos que trajeran «el ternero más gordo» y lo prepararan para celebrar un banquete, provocando los celos de su hermano mayor.

Desde lejos

Dejemos por unos momentos al hijo y pensemos en el padre. «*Todavía estaba lejos* [el hijo perdido] cuando su padre lo vio y se compadeció de él; salió corriendo a su encuentro, lo abrazó y lo besó» (Lucas 15:20, cursivas del autor).

Cuando leo este relato, me impresiona el hecho de que no fue por accidente que el padre vio a su hijo cuando «todavía estaba lejos». (¿Acaso Dios Padre no nos busca a nosotros con un gran deseo cuando todavía estamos lejos?). Cabe pensar que, desde la partida de su hijo, aquel padre había salido muchas veces cada día para mirar atentamente el largo y polvoriento camino, con ojos húmedos y la vaga esperanza de que quizá —solo quizá— aquel sería el día en que su hijo regresaría. Habían pasado varios meses. ¿Podía, acaso, ser hoy?

A medida que el cálido sol de la mañana se elevaba en el firmamento, el padre iba mirando hacia el camino, mientras llevaba a cabo sus tareas. De repente avistó, sorprendido, una figura solitaria que se perfilaba de modo impreciso en el horizonte. El corazón le dio un vuelco, pero rápidamente se impuso la razón. Sería probablemente otro viajero; alguien, quizá, que estaba de paso. Pero una oleada de esperanza agitó su alma cansada. Había algo familiar en su aspecto, quizá era su forma de andar. ¿Podía ser su hijo?

A medida que la figura se iba acercando, el anciano forzaba la vista. ¡Sí! ¡Era, en efecto, su hijo! En aquel momento, la angustia y el dolor del pasado dieron paso a una sobrecogedora emoción. Con una profunda compasión que solo el amor puede entender, el padre salió corriendo hacia el camino, con los brazos abiertos y una nueva energía, al encuentro de aquel a quien tanto anhelaba. Sollozando, aquel padre «abrazó y besó» a su hijo, que estaba muerto, pero que ahora había vuelto a la vida; se había perdido, pero había sido hallado.

Creo que, con este relato, Jesús quería que sus oyentes entendieran el corazón de su Padre. Les estaba diciendo: «¿No os dais cuenta de cuánto os ama mi Padre? La cuestión no es lo que hayáis podido hacer. Ningún pecado es demasiado grande. Él anhela que volváis a casa; desea restablecer su relación con cada uno de vosotros». ¿Cuántos hijos e hijas pródigos hay en nuestro entorno laboral? ¡Cuántas veces he mirado su atormentado pasado, su bajo rendimiento, su aspecto descuidado… y, de forma insensible, he decidido minimizar estas cosas! ¿No debería más bien ver estas cosas con los ojos del Padre y su profunda compasión?

Dificultades en el entorno laboral

Aunque podemos, y debemos, ver a todas las personas que tratamos en el ámbito laboral con compasión, las cuestiones prácticas siguen teniendo su lugar, ¿qué hacemos con las personas que presentan malos hábitos y actitudes, bajo rendimiento o no están cualificadas para desarrollar un determinado trabajo? Estos son los asuntos que están frecuentemente en la mente de los empresarios y empresarias. Quieren entender cómo deben enfrentarse a ellos y saber si pueden resolverse de un modo «redentor».

En mi opinión, hemos de hacer cualquier esfuerzo, dentro de lo razonable, para ayudar a las personas a gestionar sus dificultades, entregándonos a fondo para que sus fracasos puedan convertirse en éxitos. Las soluciones a algunos problemas dependen de la convergencia de una serie de situaciones. Megan no comenzó a encontrar soluciones para su embarazo no deseado hasta que su crisis personal llegó a su clímax. El hijo pródigo no decidió volver a su casa hasta que empezó a pasar hambre. Es tremendamente gratificante ver que un empleado con dificultades es capaz de identificarlas y de llevar a cabo los ajustes necesarios. Pero hay veces en que incluso nuestros mejores esfuerzos son insuficientes. En estos casos podría ser necesario dar el paso más difícil de todos, que es despedir a la persona en cuestión. Sin embargo, cuando esto se lleva a cabo con gracia y compasión, puede tener efectos redentores.

Esto se me hizo claro de un modo un tanto insólito (¡y divertido!). Sucedió en la silla de un dentista, mientras me preparaban para reparar una obturación. Tenía la boca llena de toda clase de herramientas odontológicas que no me permitían sino farfullar. De pronto, la dentista me dijo: «Usted es el Sr. Beckett, ¿no?».

Yo asentí con un gruñido.

«Quiero darle las gracias por despedir a mi marido».

Yo estaba allí atrapado. No podía moverme ni hablar; solo escuchar el monólogo siguiente:

«Fue hace unos diez años —comenzó diciendo—.Unos días después de que su empresa contratara a mi marido, se le notificó que no había pasado el test de estupefacientes». (Más adelante, cambiamos nuestra política. Ahora esperamos los resultados de este test antes de contratar a alguien). «Puede que no se acuerde —siguió diciendo—, pero usted le llamó a su oficina antes de que se marchara y le dijo: "Supongo que se da cuenta de que no tengo otra opción que despedirle. Pero quiero decirle una cosa. En este momento, se encuentra en una encrucijada. Puede seguir en este camino, y los resultados son muy previsibles. O puede considerar esto como una llamada de atención y tomar la decisión de hacer un cambio de rumbo"».

Estoy seguro de que la dentista no veía las gotitas de sudor que me asomaban por la frente bajo todos aquellos instrumentos y protectores. La mujer prosiguió: «Quiero que sepa que mi marido siguió su consejo. Hoy, es un buen padre, un buen marido y tiene un buen trabajo. ¡Gracias por despedir a mi marido!».

Ojalá pudiera decir que todos nuestros despidos han acabado de este modo, pero no es así. Algunas personas han experimentado un largo resentimiento acompañado de una sensación de que se ha obrado injustamente con ellos. Pero doy gracias a Dios de que muchos han sabido hacer una lectura positiva de la situación y han accedido a una vida profesional productiva y gratificante. Sin embargo, sea cual sea el desenlace, cuando una situación no puede resolverse hemos de estar dispuestos a actuar. Es un extraño aspecto de nuestra preocupación por las personas.

Personas frente a beneficios

Las dificultades en el ámbito laboral aparecen frecuentemente cuando las decisiones contraponen a las personas con los beneficios. Nathan Sanders, pastor y consejero de empresarios en Federalsburg, Maryland, preguntó: «¿A qué debería prestar más atención un empresario, al bienestar de sus empleados o a la rentabilidad de su negocio?». Se trata de una pregunta difícil, con muchos matices, y muchas implicaciones prácticas. Pero desde una perspectiva bíblica, nunca nos equivocamos cuando ponemos a las personas antes que los beneficios. En última instancia, son las personas las que producen beneficios, y sin las primeras no existirían los segundos, ni siquiera las empresas. Seleccionar a las personas adecuadas, ponerlas en el lugar correcto, tratarlas con el debido respeto y remunerarlas adecuadamente son las claves más importantes y significativas para que una empresa crezca y sea rentable. Esto es lo que quiere decir Jim Collins cuando habla de «meter en el autobús a las personas adecuadas».

Pero Collins también dice que hemos de echar del autobús a aquellos que no deben estar en él. Sobre este peliagudo asunto, Collins cita a un ejecutivo de Wells Fargo: «La única forma de liberar a las personas que avanzan es no cargarlas con las que no lo hacen» (*Empresas que sobresalen*, pág. 53 del original en inglés *Good to Great*). Nos esforzamos al máximo por ayudar a las personas a superar las dificultades, muchas veces con buenos resultados. También nos hemos equivocado en sentido contrario y, no solo hemos llevado la carga «una segunda milla», sino una tercera, cuarta y quinta, posponiendo el inevitable despido. Naturalmente, cuando se han agotado las demás opciones este último paso hay que darlo con compasión... pero hay que darlo. De lo contrario, el precio a pagar es demasiado elevado.

No sé de ninguna empresa de nuestro tiempo que pueda sobrevivir sin mejorar la productividad, optimizar el uso de sus recursos y utilizar al personal de un modo más creativo. La competitividad por todo el mundo es demasiado intensa. A nuestros empleados les decimos a menudo que hemos de «ganarnos constantemente el derecho de fabricar en Ohio del Norte». La pasividad no es una opción. Hemos de mejorar incesantemente lo que estamos haciendo si queremos seguir siendo una empresa viable.

Subcontratación

Aunque el polémico tema de la subcontratación es demasiado extenso para cubrirlo adecuadamente en esta obra, me gustaría decir algunas cosas relacionadas con las personas. La práctica de derivar ciertos trabajos fuera del país ha sido dolorosa para muchos, especialmente en el sector de la fabricación. No obstante, se estima que este cambio de paradigma ha ahorrado a los consumidores estadounidenses unos 600 mil millones de dólares aproximadamente desde mediados de la década de 1990-2000 (*Fortune*, 4 de octubre del 2004). ¿Cuál es el «bien más elevado», especialmente cuando consideramos el beneficio para los trabajadores extranjeros que, quizá por primera vez, disfrutan la oportunidad de ganar un buen sueldo, suplir las necesidades de sus familias e incluso tener una vivienda de propiedad? Aunque muchos sostendrían lo contrario, creo que la subcontratación puede ser legítima cuando las pérdidas a corto plazo de algunos serán más que compensadas por las ganancias de otros por todo el mundo, y finalmente por las de nuestro propio país.

Otra consideración: en su reveladora obra *The World Is Flat* (El mundo es plano), Tomás L. Friedman afirma: «La mayoría de las empresas construyen fábricas fuera del país, no solo para conseguir mano de obra más barata para los productos que quieren vender en los Estados Unidos o en Europa. Otra de sus motivaciones es abrir estos mercados extranjeros» (pág. 123). De hecho, Friedman observa que el Departamento de Comercio estadounidense se encuentra con que el 90% de la producción de las empresas de propietarios estadounidenses en el exterior se vende a clientes extranjeros.

Esto es realmente lo que motiva a una de nuestras empresas a abrir una planta de producción en China. Los productos que fabriquemos en ella no serán enviados a los Estados Unidos, sino que se distribuirán en Asia. China es un enorme mercado que crece rápidamente con más de mil millones de clientes potenciales, una oportunidad demasiado grande para ser ignorada. Además de los puestos de trabajo que creamos, queremos «exportar» lo que hemos aprendido sobre levantar empresas que honren a Dios. Queremos una compañía en China en la que se respete profundamente a cada ser humano, donde los valores esenciales y normas éticas elevadas sean algo innegociable, y la excelencia, tanto en calidad como en todos los aspectos del rendimiento sean la norma. Será un verdadero desafío, lo sabemos, en un país en que la cultura reinante es muy distinta de la nuestra. Pero creemos que Dios quiere extender su reino, no solo por China, sino también en el ámbito laboral por todo el mundo, capacitándonos para ennoblecer las vidas de quienes, a menudo sufren grandes necesidades físicas, económicas y espirituales.

Principios rectores

Al afrontar los retos que plantea la contratación de personal, las empresas pueden hacerse un gran favor a sí mismas estableciendo y comunicando filosofías y directrices rectoras.

Al contrario de lo que esperaba, he descubierto que, de las muchas organizaciones cuyas filosofías esenciales he analizado, son relativamente pocas las que ponen su acento en el valor intrínseco de la persona.

Paso a consignar algunas de las declaraciones de estas compañías que sí reflejan un respeto subyacente por las personas:

«Cuidar a las personas y ayudarlas es el alma de Alaska Airlines. Creemos que nuestras vidas se enriquecen mediante pequeños actos de bondad y compasión». Alaska Airlines

«En Conoco, nos esforzamos por crear una atmósfera inclusiva, en la que tratamos a todas las personas con dignidad y respeto, y animamos a los empleados a expresar sus ideas y desarrollarse al máximo dentro de sus capacidades». Conoco

«Vamos a tratar a todas las personas —dentro y fuera de nuestra empresa— de un modo ecuánime, cortés y digno, para promover el respeto mutuo y demostrar nuestro compromiso con la igualdad, la justicia y la familia». Lanier

«Nuestra gente es nuestra fuerza. Son ellos quienes nos brindan nuestra inteligencia empresarial y determinan nuestra reputación y vitalidad. La implicación de los empleados y el trabajo de equipo son la fibra esencial de este recurso principal». Metokote

Como antes hemos dicho, uno de los valores esenciales de nuestra compañía declara nuestra expectativa de que cada empleado tenga «un profundo respeto por las personas», sea un compañero de la empresa, un proveedor, un cliente o un miembro de la sociedad. A continuación, ampliamos nuestras expectativas sobre nuestra atmósfera laboral como sigue:

Queremos que nuestro trabajo y relaciones laborales sean dinámicos, estimulantes, gratificantes y respetuosos, que todos los empleados estén bien informados y formados, y que tengan un fuerte sentido de transparencia y responsabilidad personal.

Esperamos con expectación un cambio continuo y queremos que este se considere una oportunidad, no una amenaza.

Anhelamos que se produzca un crecimiento personal, y lo estimularemos ofreciendo oportunidades accesibles de educación y formación.

Fomentaremos una cultura de innovación por toda la empresa alentando amplias y numerosas mejoras.

Queremos construir sobre el concepto de equipos y trabajo de equipo, alentando una buena comunicación, apoyo y respeto mutuo entre todos los empleados sea cual sea su posición.

Estas directrices son faros que apuntan hacia una atmósfera laboral que anime a las personas que ministramos a prosperar en su trabajo y a desempeñar un papel integral en el éxito de nuestra compañía. Consideramos que estos principios son el desarrollo práctico de una realidad subyacente: Dios se preocupa profundamente por las personas.

Un CEO con un corazón para las personas

Durante el periodo de la administración Reagan, tuve el privilegio de visitar varias veces la Casa Blanca. En algunas ocasiones formé parte de pequeños grupos que se reunían con el presidente. Siempre tuve la impresión de que el Sr. Reagan tenía un verdadero interés por los demás. Una vez me encontraba en un grupo de unos veinte invitados y vi, con cierto asombro, que el presidente dio toda la vuelta a la gran mesa de conferencias para saludar afectuosamente a cada uno de los asistentes, llamándoles por su nombre.

En otra de mis visitas, estaba con un numeroso grupo recorriendo este elegante edificio de principios de siglo xix. Ya había visitado la Casa Blanca y estaba un poco por delante del resto del grupo. Cuando llegué a la última sala de nuestro recorrido, la única persona que estaba allí era un imponente agente del servicio secreto. Cuando me acerqué para saludarle, vi una gran pintura del presidente Reagan cerca de donde estábamos. En lugar de mi habitual «hola», señalé el retrato y dije, más ligeramente de lo normal: «¿Qué piensa usted de este tipo?».

«¡Le queremos!». No fue lo que esperaba escuchar, y menos de aquel alto y fornido guardaespaldas del presidente.

«¿Qué quiere decir?» —le volví a preguntar.

«Mire —repuso— he trabajado para siete presidentes». (Mi mente trazó un rápido recorrido por los inmediatos predecesores de Reagan: Carter, Ford, Nixon, Johnson, Kennedy y Eisenhower. Aquel hombre había trabajado para todos ellos).

El agente siguió diciendo: «Le he visto en buenos y malos momentos, incluso a las dos de la madrugada en el Air Force One, cuando está muerto de cansancio. Es siempre el mismo. Se interesa por nosotros. Quiere saber cómo nos va. Nos pregunta por la familia. ¡Le queremos!».

Este testimonio «desde las trincheras» me dijo mucho sobre aquel CEO. En medio de sus mil responsabilidades, se interesaba por las personas anónimas e «irrelevantes», que para él no lo eran en absoluto. El presidente de los Estados Unidos tenía un respeto intrínseco y profundo por todas las personas. Su corazón reflejaba el del Padre celestial, puesto que Dios se preocupa profundamente por las personas. Nosotros hemos de hacer lo mismo.

12

Mayordomía: la responsabilidad de administrar

No quieras ser una persona exitosa, sino valiosa.
Albert Einstein

En 1979, el embargo de petróleo en Oriente Medio provocó la caída en picado de nuestra compañía. Provocado por la deposición del Sah de Persia, el embargo puso el precio del crudo por las nubes. En muy poco tiempo, el mercado para nuestros productos se redujo a la mitad. Todos sintieron el impacto de aquel embargo. Para repostar, había que hacer largas colas en las gasolineras. La subida de los combustibles generó ondas inflacionarias por toda la economía. El «índice nacional de miseria» —la suma del desempleo y la inflación— llegó hasta el 22% en junio de 1980. En nuestra pequeña comunidad de Ohio. el desempleo subió por encima del 30%.

El producto que fabrica nuestra empresa utiliza petróleo de calefacción para las instalaciones domésticas. En los Estados Unidos de 1980, había unos 12,5 millones de viviendas que usaban petróleo de calefacción. Por consiguiente, la subida del precio de petróleo supuso una carga añadida de más de 7 mil millones de dólares para las facturas de los usuarios particulares. Por ello, cuando un inventor vino a nosotros con una nueva tecnología que mejoraba la combustión, le prestamos toda nuestra atención.

Aunque la tecnología en cuestión parecía válida, el precio de su aplicación era alto, especialmente teniendo en cuenta el deterioro de nuestro mercado. Había llegado a un punto en mi vida espiritual en que comenzaba a confiar firmemente que el Señor nos dirigiría si se lo pedíamos. Y lo hizo. La guía que pedía a Dios me llegó mientras leía el relato en que Jesús alimenta a una multitud. Sin embargo, lo que me habló no fue el milagro en sí de la multiplicación de los panes y los peces, sino lo que sucedió más adelante: «Una vez quedaron satisfechos, dijo a sus discípulos: —Recoged los pedazos que han sobrado, *para que no se desperdicie nada*» (Juan 6:12, cursivas del autor).

«¡Qué sorprendente! —pensé—. Aquí tenemos a cinco mil personas sentadas, que se han saciado y hablan animadamente en la tertulia de una fiesta que comenzó con cinco panecillos de cebada y dos pescados. Y resulta que el que acaba de hacer el milagro se ha convertido ahora en administrador». Jesús estaba prestando atención a las sobras, priorizando la conservación de un recurso que su Padre había suplido.

Entonces se me ocurrió: ¿acaso Jesús no querría también que nuestra empresa —la principal productora nacional del quemadores de petróleo de calefacción— ayudara a nuestros clientes a ahorrar combustible y a conservar las reservas petrolíferas mundiales? ¿No había sido aquel petróleo cuidadosamente formado y almacenado (también un «milagro», en un sentido)?

La súbita comprensión de estas cosas fue el toque que el Señor usó para que comprendiera su perspectiva sobre nuestra responsabilidad, como empresa, de administrar sus recursos. Con una nueva convicción, invertimos en la nueva tecnología y comenzó un programa de cinco años para llevarla al mercado.

Irónicamente, nunca llegamos a comercializar aquel concepto de combustión. En su configuración final, resultaba demasiado complejo y caro para nuestro mercado. No obstante, aquello tuvo su aspecto positivo, y fue que la cuestión de la conservación se convirtió para nosotros en una forma de vida. Desde aquella decisión, hemos sido agresivos en nuestra gestión de la energía y la eliminación de residuos siempre que ha sido posible, procurando incluso un acercamiento a la «producción limpia» en todas nuestras operaciones. Es de destacar que hemos influido en otras mejoras dentro de la tecnología de la combustión, ayudando a los usuarios a reducir el uso de carburante en casi ocho mil millones de litros durante las últimas décadas. ¡Una cantidad de petróleo que serviría para llenar un convoy de cubas que daría una vuelta a todo el planeta!

La mayordomía: más que dinero

Recientemente me preguntaron cómo definiría el concepto de mayordomía. Mi respuesta a esta pregunta ha ido cambiando con el paso de los años. Al principio, relacionaba principalmente la mayordomía con la cuestión del dinero, como en la campaña anual de «mayordomía» de nuestra iglesia, donde se pedían aportaciones para cubrir los presupuestos del año siguiente. Ahora defino este concepto de un modo mucho más amplio: hacer un buen uso de unos recursos que no son nuestros. Los principios rectores de nuestra empresa declaran que nos comprometemos a «ser administradores sabios y competentes del depósito que él [Dios] nos ha confiado».

La definición que el diccionario Webster hace de un mayordomo va en la línea de la gestión de una casa: «Una persona a cargo de las gestiones de una gran residencia familiar o hacienda, entre cuyos deberes está la supervisión de la cocina, el servicio, la contabilidad, etc.». Este concepto puede trasladarse fácilmente a las grandes «residencias familiares» que son las modernas empresas, en las que cada persona puede influir en el modo, sabio o no, en que se gestionan los recursos:

El conserje, en la forma de administrar los productos de limpieza.
El supervisor, ayudando a su equipo a ser más eficientes (el tiempo es un recurso increíblemente valioso).

El ingeniero, buscando maneras de eliminar la complejidad innecesaria en el diseño de producto.

El comercial, decidiendo cómo gastará el dinero de las dietas en alojamiento y comida, y qué dispendios deberían ir o no a la cuenta de gastos de representación.

El presidente, optimizando el uso general del capital empresarial, el personal y las oportunidades de mercado.

Como tema bíblico recurrente, la mayordomía tiene estrechos vínculos con el entorno laboral. El concepto se origina en Edén. Dios pone a Adán a cargo de la creación (Génesis 2:15). El huerto, Adán y todo lo demás pertenecen al Señor.

El salmista declara los términos de la propiedad de Dios: «Del Señor es la tierra y todo cuanto hay en ella, el mundo y cuantos lo habitan» (Salmo 24:1).

No hay nada que quede fuera. La molécula, el ratón, la fragancia de la flor, el brillo del zafiro, todo pertenece al Señor.

En el Nuevo Testamento, Jesús se sirve de varias ilustraciones para hablar de la mayordomía. En una de ellas, habla de un administrador corrupto que pierde su trabajo al ser descubierto: «Un hombre rico tenía un administrador a quien acusaron de derrochar sus bienes» (Lucas 16:1). ¿Cuál era el objetivo de esta parábola? Mostrar que «el que es honrado en lo poco, también lo será en lo mucho; y el que no es íntegro en lo poco, tampoco lo será en lo mucho. Por eso, si no habéis sido honrados en el uso de las riquezas mundanas, ¿quién os confiará las verdaderas? Y si con lo ajeno no habéis sido honrados, ¿quién os dará lo que os pertenece?» (Lucas 16:10-12).

Recuerdo una historia que me contó el Sr. Bado, un vecino de avanzada edad. Cuando era un muchacho, Bado trabajó como criado en casa de una familia rica, en Hungría, su país de origen. Mientras desempeñaba sus tareas de limpieza, entre las que estaba alisar y dar volumen a los cojines de las sillas y sillones, solía encontrar monedas que probablemente habían caído del bolsillo de quienes se sentaban en ellos. Invariablemente, mi vecino llevaba estas monedas al propietario de la casa. Pasado un mes más o menos, el joven Bado notó que ya no encontraba monedas. Pensando en ello, de repente, se dio cuenta. Alguien había puesto aquellas monedas deliberadamente. Se le estaba poniendo a prueba en cosas pequeñas. El propietario sabía ahora que podía confiar en su joven criado en asuntos más importantes. Unos años después, el Sr. Bado se trasladó al «nuevo país» (como llamaba a los Estados Unidos), donde abrió un centro de jardinería. Pronto se ganó una reputación de integridad, y su negocio fue prosperando hasta el final de su vida, humilde pero ejemplar. Pudo confiársele mucho.

Ampliando el ámbito de este tema, Jesús aplicó el concepto de mayordomía de un modo sorprendente, a saber, al grado de preparación de una persona para su regreso: «Dichosos los siervos a quienes su señor encuentre pendientes de su llegada» (Lucas 12:37). El administrador infiel de esta ilustración estaba absorto en sus cosas, sin prepararse. Pero «el mayordomo fiel y prudente» estaba atento y vigilante. Esta era su responsabilidad. (Obsérvese que no tenía nada que ver con el dinero).

La idea de la Iglesia primitiva sobre la mayordomía

Pablo tenía una perspectiva más amplia de la mayordomía. Por ejemplo, el apóstol se refiere a sí mismo y a sus compañeros de ministerio como «servidores de Cristo, encargados de administrar los misterios de Dios» (1Corintios 4:1; ver también, Colosenses 1:25-29; Efesios 3:2-10). Pablo entendía que le habían sido confiadas una serie de verdades sobre Dios y su reino. Ser un buen administrador demandaba que entregara toda su energía —incluso la vida, si fuera necesario— para compartir con los demás lo que se le había confiado. La cuestión esencial era la fidelidad: «Ahora bien, a los que reciben un encargo se les exige que demuestren ser dignos de confianza» (1Corintios 4:2). Pablo sabía que tendría que dar cuenta de la confianza que Dios había depositado en él.

El apóstol consideraba a los ancianos (personas que tienen la responsabilidad de liderar la Iglesia) como «administradores de Dios» (Tito 1:7). Esto significaba ser un buen fideicomisario de Dios en todos los aspectos: su reino, su creación, su carácter, su forma de proceder, sus normas. ¿Cómo aplicarías tú este concepto de mayordomía a tus responsabilidades domésticas, laborales, en tu comunidad inmediata y en tu nación?

El apóstol Pedro afirmó que los dones que Dios da a las personas por su gracia deben ser administrados con fidelidad: «Cada uno ponga al servicio de los demás el don que haya recibido, administrando fielmente la gracia de Dios en sus diversas formas» (1Pedro 4:10). Entre los dones para servir están la oración, la preocupación por los demás, la práctica del amor, la hospitalidad y el servicio (ver 1Pedro 4:7-11). Dios no nos da los dones para que hagamos un uso privado de ellos, sino para el beneficio de otras personas. La esencia de una buena mayordomía es administrar fielmente.

En la película de 1981 *Carros de fuego*, el misionero escocés Eric Liddell explica a su hermana Jennie su pasión por correr. Con gran convicción le dice: «Creo que Dios me ha creado con un propósito, pero también me ha hecho rápido. Y cuando corro, siento su satisfacción». Su capacidad para correr era un don que Dios le había dado y que, finalmente, usó para él participando en los Juegos Olímpicos de 1924 en París.

¿De qué somos responsables?

Hace algunos años, el Dr. Henry Blackaby me sugirió un «inventario espiritual». (Antes lo he mencionado). Lo que Blackaby quería decir es que hiciera una lista de aquellas áreas en que tenía capacidades, aptitudes y relaciones personales que pudieran utilizarse para los propósitos de Dios. ¡Después de llenar dos páginas, seguía escribiendo, asombrado de la cantidad de cosas que Dios había puesto en mis manos! Aquel ejercicio hizo crecer inmediatamente un sentido de responsabilidad en la debida administración de todo lo que había recibido.

Ahí van algunas de las áreas en las que la mayoría de nosotros tenemos responsabilidades administrativas:

Familia.
Tiempo.
Influencia.
Conocimiento, comprensión y sabiduría.
Recursos.
Capacidades.
Relaciones personales con Dios y con los demás.
Trabajo.
La atmósfera espiritual que nos rodea.

Por comentar solo algunas de estas cosas, pongamos la atención por un momento en la familia, la influencia, los recursos y la atmósfera espiritual.

Familia. Un desafío para todos nosotros es equilibrar trabajo y familia. Este reto se ha intensificado durante los últimos años. No es solo que las demandas laborales se hayan incrementado (especialmente con la inexorable reducción de los márgenes de beneficio y el tamaño de las empresas), sino que ahora también nuestros cónyuges e hijos participan en más actividades y adquieren compromisos más exigentes. Es incluso difícil encontrar tiempo para estar juntos. No pretendo tener todas las respuestas, pero sí puedo dar un breve testimonio de la fidelidad de Dios. Hemos tenido que superar muchos obstáculos para criar a nuestros seis hijos. En algunos momentos me he preguntado si ellos —y yo— saldríamos adelante. Ahora todos ellos han crecido, han terminado sus carreras universitarias y tienen trabajos en que se sienten realizados. Dios nos ha bendecido con yernos, nueras y nietos maravillosos.

Durante los años que nuestros hijos estuvieron en casa, intentamos que fueran una de nuestras grandes prioridades, aunque era difícil. Nos centramos en tres áreas principales: amor, disciplina y diversión. Doy gracias a Dios porque Wendy pudo quedarse con ellos y brindarles una intensa dedicación maternal y sus fervientes oraciones. Nuestros hijos sabían que les amábamos y valorábamos profundamente. Aunque cuando estaban creciendo tuvieron muchas disputas, hoy son amigos íntimos, y estoy trabajando directamente con dos de mis hijos y uno de mis yernos. Hoy miramos atrás y vemos un fruto maravilloso de nuestra inversión en la familia. Me alegro mucho de que Dios nos ayudara a tomarnos esta responsabilidad muy en serio.

Influencia. Todos tenemos una esfera de responsabilidad en la que ejercemos nuestra máxima influencia. A pesar de sus largos viajes y actividades, el apóstol Pablo se esforzó por permanecer en el «campo que Dios nos ha asignado según su medida» (2Corintios 10:13). Dentro de los límites que Dios nos ha prescrito podemos funcionar de manera efectiva, pero no fuera de ellos. (Es un poco como quedarte bajo tu paraguas cuando llueve). Conocer nuestros límites hace que sea más fácil decir no a actividades que están fuera de ellos.

En una pared de mi oficina tengo este breve y mordaz recordatorio:

> Alabanza del «no»
> La palabra «no» puede ser la más eficiente ahorradora de tiempo de nuestro idioma. Lo que le falta de encanto está más que compensado por su brevedad. No yerras cuando dices «no», aunque asumes el riesgo de ofender. Con expresión discreta y complementos apropiados, «no» puede ahorrarte muchas horas. «No» devuelve la responsabilidad a su legítimo propietario. Permite que te centres en tus verdaderas prioridades.
> Te protege de tu buen corazón. No te burles de la incisiva claridad del «no». Puede que sea tu billete al éxito.

¿Cómo podemos administrar mejor la influencia que se nos ha dado? Es importante que respondamos correctamente esta pregunta. Puede que recuerdes (hemos hablado de ello en el capítulo siete) a aquellos «grandes hombres» de Babilonia que fueron juzgados por utilizar su influencia de forma impropia, pervirtiendo a naciones enteras. Cuanto más extensa sea nuestra esfera de influencia, mayor será nuestra responsabilidad. Jesús dijo: «A todo el que se le ha dado mucho, se le exigirá mucho; y al que se le ha confiado mucho, se le pedirá aún más» (Lucas 12:48).

Recursos. ¿Cómo administramos los recursos que se nos han confiado? En el relato de la viuda pobre, Jesús subrayó la importancia vital de que nuestros corazones sean responsables en la administración de nuestros recursos, sean estos muchos o pocos (ver Lucas 21:3). De hecho, las pequeñas ofrendas entregadas con buenos motivos pueden multiplicarse de maneras sorprendentes.

Hace algunos años vi este principio en acción cuando una viuda inglesa ofrendó 1.000 dólares para el proyecto de una universidad cristiana en la ciudad de Nueva York. En comparación con los millones que se necesitaban para poner en marcha la nueva institución, su ofrenda fue verdaderamente «las dos moneditas de la viuda». No obstante, Dios usó su modesta aportación de una forma sorprendente. Una persona que se enteró envió 3,5 millones de dólares para el proyecto, un dinero que iba a destinar a otro fin. Esto estimuló a su vez otras ofrendas de este estilo que, en este momento, ascienden a 35 millones de dólares, lo cual supone que ¡aquella pequeña modesta ofrenda inicial se ha multiplicado treinta y cinco mil veces! Somos responsables de administrar los recursos que se nos han confiado, sean unas monedas o millones.

He seleccionado algunas ideas sobre la administración responsable de nuestros recursos a partir de las declaraciones de propósito de varias grandes empresas: W. C. Bradley Co. declara que uno de sus valores esenciales es «administrar responsablemente lo que se nos ha confiado para servir a los demás»; en el First Southern National Bank pretenden ser «administradores responsables de los recursos que se nos han confiado»; y Lanier Worldwide, una división de Harris, entiende que los recursos que debe administrar representan «un deber sagrado».

Sean personales o de una organización, los recursos son sin duda un depósito que debe ser administrado con diligencia y disciplina.

Atmósfera espiritual. Una de las áreas que hemos de administrar es la atmósfera espiritual que construimos a nuestro alrededor (y por encima de nosotros). Por extraño que pueda parecer, por medio de la oración y la intercesión podemos influir de un modo muy real en el clima espiritual que rodea nuestras familias, trabajos y sociedades.

El apóstol Pablo nos informa que estamos inmersos en una batalla: «[Nuestra lucha es] contra fuerzas espirituales malignas en las regiones celestiales» (Efesios 6:10-12). Se trata de un combate al que hacemos frente por medio de la oración. Para el gran apóstol esto no era mera teoría. A pesar de los enormes obstáculos que hubo de afrontar, siguió avanzando hasta abarcar toda la provincia de Asia (ver Hechos 19:20, 26). Piensa en esto: ¡un solo hombre, fiel a su llamamiento, trabajando dentro de su esfera, transformó la cultura de todo un continente! Pablo marcó la diferencia; y tú también puedes hacerlo.

¿Cómo funciona un administrador?

Hemos de tener en cuenta que el administrador no es necesariamente el jefe o el propietario. Es alguien que está bajo autoridad y que sirve según los criterios de otra persona. No es el que decide. Su obligación es estar atento, comprometido, dispuesto y ser obediente. A quien hemos de dar cuenta es a nuestro Padre celestial. En este mundo, nosotros somos representantes de él y de su reino.

Para concluir este capítulo quiero compartir algunos pensamientos sobre lo que significa ser fieles administradores en las siguientes áreas:

Perseverancia.
Generosidad.
Protección.
Entender qué es el «éxito».

Perseverancia. La vida cristiana no es fácil. (De hecho, tampoco lo es la de quienes no son cristianos). Tanto el libro de los Hechos como las cartas de Pablo dejan claro que la oposición es un hecho de la vida. Como prueba de su autenticidad como siervo de Dios, el apóstol citó lo siguiente: «con mucha paciencia nos acreditamos como servidores de Dios: en sufrimientos, privaciones y angustias» (2Corintios 6:4).

En comparación con la de algunos de mis amigos, mi vida ha sido sorprendentemente fácil. (A veces me he preguntado si no será una indicación de no haberme empleado en ella con suficiente firmeza). No obstante, han habido épocas en que, tanto mi familia como la empresa han tenido que perseverar en tiempos difíciles: accidentes, enfermedades, muertes, incendios, malentendidos y rupturas de relaciones personales. Hemos tenido que perseverar en medio de estas situaciones. No podíamos abandonar. Con el tiempo pudimos entender que Dios tenía un propósito, aun en las dificultades más intensas. Pero solo afrontándolas y perseverando en medio de ellas, pudimos ver sus objetivos más profundos.

Generosidad. Antes hemos observado que nuestra responsabilidad va mucho más allá de lo que hacemos con el dinero. El modo en que gestionamos nuestra economía no es solo importante por lo que consigue, sino también porque refleja dónde están nuestros corazones. Larry Burkett, pionero en la esfera de la responsabilidad económica, listó y clasificó más de dos mil referencias bíblicas relacionadas con el dinero y la economía. No cabe duda de que este es un tema importante dentro del plan de Dios para nuestra vida.

Dos pensamientos sobre nuestros propósitos. En primer lugar, el fundamento de toda mayordomía económica es una idea muy simple que hemos de interiorizar: todo pertenece al Señor. Es suyo, no nuestro. Nos ha sido prestado. Dios es el propietario de los «ganados sobre mil colinas» (Salmo 50:10. RV60), y como alguien añadió: «¿Sabes qué? También es el propietario de las colinas!». Cuando ofrendamos algo, estamos básicamente redirigiendo lo que se nos ha dado, sea que lo hayamos ganado o heredado.

En segundo lugar, a Dios le encanta la generosidad. ¡De hecho, nos desafía! ¿Qué te parece este reto? «Traed íntegro el diezmo para los fondos del templo, y así habrá alimento en mi casa. Probadme en esto —dice el Señor Todopoderoso—, y ved si no abro las compuertas del cielo y derramo sobre vosotros bendición hasta que sobreabunde» (Malaquías 3:10). Jesús también nos anima a practicar una alegre generosidad: «Dad, y se os dará: se os pondrá en el regazo una medida llena, apretada, sacudida y desbordante» (Lucas 6:38).

Cuando digo que a Dios le encanta que sus siervos sean generosos, no estoy diciendo algo que haya leído en algún libro. A partir de una decisión que Wendy y yo tomamos hace años de diezmar (dar al menos el 10% de nuestros ingresos), hemos experimentado un aumento constante de nuestros ingresos, con lo cual ha crecido también nuestra capacidad de dar. Una de nuestras mayores alegrías es escuchar las indicaciones del Señor para ofrendar después según su dirección.

Protección. El administrador fiel se mantiene firme cuando las cosas se ponen mal. Jesús hizo una distinción entre el pastor y el asalariado: «El asalariado no es el pastor, y a él no le pertenecen las ovejas. Cuando ve que el lobo se acerca, abandona las ovejas y huye» (Juan 10:12). A lo largo de mi trayectoria empresarial ha habido momentos en que habría dado cualquier cosa por un billete de ida cerca de un río truchero, al menos durante varios días.

Una de estas ocasiones fue el periodo, antes mencionado, en que una asociación de trabajadores pretendía sindicalizar a nuestros empleados. En medio de aquella difícil situación, se me hizo clara la realidad: no era un «asalariado». Como dirigente de mi empresa, no tenía la opción de desaparecer. Tenía que aguantar mecha y seguir allí hasta que la situación se resolviera. Me convertí, pues, en un tenaz administrador a favor de los que no querían sindicalizarse. Creo que este fue un importante factor para que nuestros empleados decidieran seguir siendo independientes del sindicato.

Jesús nos ha dado un deber sagrado. Nos ha delegado la responsabilidad de administrar su reino en la Tierra, y espera que protejamos celosamente todo lo que ha puesto bajo nuestro cuidado.

Entender qué es el «éxito». Algunas personas «no tienen éxito». Lloyd Pedersen de Michigan lleva treinta y cinco años en el mundo empresarial. Pedersen afirma: «Algún día voy a escribir un libro que titularé "Crónicas de un fracaso". Irá dirigido a la mayoría de personas que nunca han conseguido un significativo éxito comercial, aquellos que no han conseguido cumplir del todo sus expectativas en la vida, aunque muchas de ellas han tenido un éxito inmenso en el área de la familia y el ministerio». Es un libro desesperadamente necesario.

La fuerza que domina el mundo laboral es el «éxito»: algo que perseguimos con apasionada tenacidad, sin preguntarnos que es realmente. Se trata de una meta tan escurridiza que, a veces, la conseguimos sin saberlo, y otras, cuando confundimos el verdadero objetivo, nos lleva vivir en un estado de descontento. Pocas palabras de nuestro idioma son tan difíciles de definir. Debería haber una buena «vara de medir». Pero lo cierto es que no la hay.

El Webster define el éxito como «un desenlace o resultado favorable o satisfactorio», una definición que no es nada precisa. La palabra «éxito» apenas se menciona en las Escrituras (aunque la palabra prosperar, que utilizan las traducciones más antiguas, se traduce «tener éxito» en algunas versiones más recientes). Entre los pocos casos que aparece este concepto, ante la perspectiva de entrar en la tierra prometida, Dios le dijo a Josué que tendría éxito si obedecía la Ley que Moisés le había transmitido (Josué 1:7-8). Ezequías, uno de los pocos reyes buenos de Israel, tuvo éxito en todo lo que emprendió, porque «El Señor estaba con [él]» (2Reyes 18:7). Nehemías pidió a Dios que le concediera éxito antes de solicitar permiso al rey a quien servía para reconstruir Jerusalén (Nehemías 1:11).

J. R. Miller, un ministro presbiteriano estadounidense de principios del siglo xx, dice: «Cristo está construyendo su reino con lo quebrantado de este mundo. Para construir sus "reinos", la gente busca solo lo que es fuerte, próspero, victorioso, perfecto, pero Dios es el Dios de los derrotados, de los fracasados. Él puede elevar el fracaso más lamentable de esta Tierra hasta la gloria celestial» (*Manantiales en el desierto*).

No me hago ilusiones. Soy consciente de que ni este, ni cien libros van a alterar la mentalidad prevalente de lo que constituye el éxito. Pero pido a aquellos de mis colegas empresarios que desean seguir a Cristo que consideren un término bíblico muy cercano al corazón de Dios. Me refiero a la palabra «fiel», que se relaciona íntimamente con la buena administración.

Mientras que las Escrituras utilizan muy esporádicamente la idea de éxito, la de fidelidad está por todas partes. Consigno, a continuación, algunos ejemplos al respecto, de Proverbios a Apocalipsis (todas las cursivas son del autor):

> El hombre *fiel* recibirá muchas bendiciones (Proverbios 28:20).
> ¡Hiciste bien, siervo bueno y *fiel*! (Mateo 25:21).
> Ahora bien, se requiere de los administradores, que cada uno sea hallado *fiel* (1Corintios 4:2 RV60).
> [El apóstol Pablo escribe] a los santos y *fieles* hermanos en Cristo (Colosenses 1:2).
> Le harán la guerra al Cordero, pero el Cordero los vencerá, porque es Señor de señores y Rey de reyes, y los que están con él son sus llamados, sus escogidos y sus *fieles* (Apocalipsis 17:14).

Una vez oí decir a un político que se presentaba como candidato con muy pocas posibilidades de salir elegido: «Dios no me ha llamado a tener éxito, sino a ser fiel». Puede que esta mentalidad no le llevara a ser elegido, pero le permitió centrarse en lo que era más importante para él, al margen de cuál fuera el resultado.

Antes he hablado de la extraordinaria experiencia que Wendy y yo tuvimos con un grupo de empresarios en la zona oriental de Rusia. No es de extrañar que en este país, privado de oportunidades durante tanto tiempo, haya una enorme hambre de «éxito». En mi deseo de comunicarles una idea adecuada de lo que es el éxito, les dije: «Hay muchos criterios para definir el éxito, y no todos ellos son buenos o confiables. Pero una cosa está clara, el éxito no es siempre lo que das por sentado que es». Entonces saqué dos fotografías de mi Biblia. (Las llevo ahí para que me acompañen en mis viajes). En una de ellas, estábamos Wendy y yo: «Para mí, el éxito ha sido la maravillosa alegría de haber estado casado con esta mujer durante más de cuarenta años». La otra foto que les mostré era de toda nuestra familia: hijos y nueras, hijas y yernos, nietos y nietas, más de veinte personas en total. «Estas fotos —les dije—, representan un éxito mucho mayor para mí que todo lo que he logrado en el mundo empresarial, que todo lo que he ganado o todo el reconocimiento que he recibido».

De repente, algunas mujeres de la audiencia comenzaron a aplaudir fuertemente y el resto se les unió. Aquellas fotografías les hicieron entender: el verdadero éxito va mucho más allá de las ganancias monetarias y de la fama momentánea. La mayordomía afecta a todas las áreas de la vida. El modo en que administramos el tiempo, la familia, las amistades, las responsabilidades, nuestro crecimiento espiritual, e incluso el éxito, refleja nuestra actitud hacia Dios y nuestra relación con él. Él evalúa cuidadosamente cómo administramos lo que nos ha confiado, con un gran deseo de poder decir finalmente a sus seguidores: «¡Hiciste bien, siervo bueno y fiel!» (Mateo 25:23). ¡Conduzcamos nuestra vida conscientes del sagrado deber que se nos ha encomendado y que nuestro deseo más profundo sea escuchar estas palabras de boca de nuestro Señor!

13
Servicio

Servid de buena gana.
Efesios 6:7

Supongamos que tuvieras que reflotar una gran empresa filial de una compañía de miles de millones de dólares comercializada en bolsa. Desde un punto de vista económico, la empresa está en la UCI: pierde dinero, consume mucho capital y experimenta una liquidez negativa. Es necesario tomar decisiones rápidas. Esta es la situación que heredó John Aden cuando asumió la gestión de Mac Tools, una división de Stanley Works en junio del 2000. John no solo era solo nuevo en la industria de herramientas para la automoción, lo era también como presidente de una empresa. ¡Y tenía solo treinta y tres años!

Si los aspectos financieros de la empresa eran malos, los demás eran aún peores. «Cada vez que levantaba una piedra me encontraba con un problema», me dijo John durante nuestra entrevista. «En una de nuestras unidades descubrimos un fraude. Las personas se robaban entre sí. Era una cultura empresarial basada esencialmente en la avaricia, el orgullo y el temor. Los gastos estaban fuera de control. No era una situación nada halagüeña». Una empresa antes orgullosa y próspera, con más de 600.000 clientes y 1.500 distribuidores, había caído en un profundo deterioro.

Puede que consideres que esta historia es una extraña introducción a un capítulo sobre el servicio. Pero servir es algo mucho más amplio de lo que hace el conserje de una fábrica, el reponedor de un supermercado o el mozo de equipaje de una compañía aérea. Hay un aspecto del servicio que normalmente no vemos: el que se lleva a cabo desde las posiciones superiores a las inferiores. La pregunta que se hacía John Aden, cuando tomó las riendas de la empresa, era: «¿Cómo puedo yo, siendo un presidente tan joven, servir a Mac Tools, sin dejar de tomar las difíciles decisiones que hay que tomar?». Como veremos, Aden sirvió a su empresa de formas que, solo unos años después de su llegada, produjeron resultados asombrosos. Sin embargo, estas cosas no sucedieron sin antes dar algunos pasos radicales y dolorosos. John comenzó analizando detenidamente la verdadera naturaleza del servicio.

«Me di cuenta de que, para muchos, los términos "servicio" y "liderazgo servicial" no eran más que clichés, popularizados por ciertos escritores y asesores. Pero algunos aspectos de lo que decían resultaban un tanto perturbadores —dice Aden—. Veían el "servicio" como el siguiente nivel dentro de una secuencia de liderazgo: un recurso más de la caja de herramientas del gerente. Creo que este acercamiento puede convertirse en otra forma más de controlar, manipular incluso, a las personas, para incrementar su rendimiento o productividad. Se trata de un "servicio para", más que de servicio *per se*».

John ha seguido creciendo en su entendimiento de lo que significa el verdadero servicio. «El servicio egoísta está lejos del concepto bíblico. La clase de servicio que presenta la Biblia no fluctúa dependiendo de las condiciones. No cambia según el grado de rendimiento de las personas. El servicio bíblico es una actitud inquebrantable que prioriza a los demás». Fue esta clase de servicio la que vigorizó a John Aden para asumir un reto casi imposible en Mac Tools.

Acometiendo la tarea

Aden comenzó su difícil tarea con una intensa supervisión (recuerdas que la primera tarea de Nehemías al llegar a Jerusalén fue inspeccionar el estado de los muros de la ciudad). «Lo primero que hice fue salir al campo. De mis primeros 110 días de la gestión de Mac Tools, pasé 90 fuera de la oficina. Dediqué al menos una hora a cada uno de los 120 encargados. Estuve doce días acompañando a los transportistas de los distribuidores. Organizaba mesas redondas dondequiera que iba para escuchar y recabar datos».

Cuando Aden releyó todo lo que había compilado, se dio cuenta de que había «un enorme vacío entre lo que me decían mis propios informes y lo que realmente estaba sucediendo en nuestra empresa. Me di cuenta de que habíamos perdido por completo la conexión con nuestros clientes». La situación era tan terrible que John entendió que no tenía otra opción que reemplazar a seis o siete encargados regionales poniendo en su lugar a personas de su confianza.

«Aquello fue el principio de dos años de cambios realmente duros. Tuvimos también que ajustar radicalmente los modelos de compensación de unos 1.000 distribuidores. El resultado final fue de unos recortes generales de entre un 20 y un 30%. Muchos se indignaron [...], de hecho, se indignaron tanto que recibí algunas amenazas personales». Pero no tenía elección, y la enorme reestructuración siguió adelante. «A finales del primer año, catorce de mis quince informantes directos habían sido reemplazados, y al cabo de dos años, más de 100 de los 150 cargos más altos de la empresa eran personas nuevas en sus posiciones».

Cuando John recuerda aquellas primeras etapas de la reestructuración, se arrepiente de ciertas cosas. Aunque las medidas que tomó eran necesarias, fueron un proceso difícil y doloroso. Esto le llevó a buscar una relación más estrecha con los empleados problemáticos, llegando incluso a asumir parte de la responsabilidad de su fracaso. «Ahora me doy cuenta de que cada despido era un reflejo de mi liderazgo. Asumir este tipo de responsabilidad es algo muy duro. Pero creo que todos los que ocupamos una posición de liderazgo hemos de considerarnos responsables del éxito de las personas que dirigimos, en el sentido de que hemos de hacer todo lo posible para ayudarles a alcanzar todo su potencial». La situación mejoró ligeramente tras los dos primeros años, pero todavía había que dar más pasos difíciles. «Me di cuenta de que estábamos procurando hinchar un globo que tenía un gran agujero en otra parte». Cuando se dio cuenta de esto, John se decidió a abordar estos importantes asuntos con una actitud humilde y generosa. «Entendí que teníamos que cerrar todo un departamento y despedir al 54% de nuestro personal. Llegué a la conclusión de que, si había una forma de hacerlo manteniendo la dignidad de las personas, quería hacerlo. Convinimos las indemnizaciones por cese; invertimos en las personas; les ayudamos al máximo para que pudieran salir adelante». Aden se acercó a este cambio enorme con una comunicación abierta. Sabía que las personas tenían que saber la verdad, y aunque sus conversaciones con los empleados eran dolorosas, estos las recibieron con una actitud sorprendentemente buena. «Sentía la presencia de Dios de un modo increíble» me dijo.

¿Por qué servimos?

Después volveremos a John Aden y a la historia de Mac Tools, pero antes hemos de hacernos una pregunta. ¿Por qué es tan importante nuestra actitud hacia el servicio para el Señor, aun para el presidente de una gran empresa? Quiero presentar algunas reflexiones bíblicas.

Dios nos creó para el servicio (Génesis 2:15). La caída de la Humanidad se produjo cuando puso a un lado la mentalidad de servicio y quiso «ser como Dios» (Génesis 3:5).

Satanás desprecia el servicio. Quiso ponerse al mismo nivel que Dios: «Subiré hasta los cielos […] ¡Levantaré mi trono por encima de las estrellas de Dios! […] seré semejante al Altísimo» (Isaías 14:13-14).

A quien primero debemos servir es a Dios. «Adora al Señor tu Dios y sírvele solamente a él» (Mateo 4:10; Deuteronomio 6:13).

Después, hemos de servir a los demás. «Más bien servíos unos a otros con amor» (Gálatas 5:13).

La disposición a servir es algo voluntario. «Elegid vosotros mismos a quiénes vais a servir» (Josué 24:15). La decisión de servir la toma la persona que sirve. Todo lo contrario que en la esclavitud, donde es otro quien impone su decisión.

Nuestro trabajo puede ser un acto de servicio a Dios. «Hagáis lo que hagáis, trabajad de buena gana, como […] para el Señor y no como para nadie en este mundo […]. Vosotros servís a Cristo el Señor» (Colosenses 3:23-24).

La capacidad de servir puede desarrollarse. Los dirigentes cristianos han de «capacitar al pueblo de Dios para la obra de servicio» (Efesios 4:12).

El servicio forma parte integral del modo en que Dios quiere que su reino funcione en la Tierra. Jesús subrayó esto cuando dijo: «Como sabéis, los gobernantes de las naciones oprimen a los súbditos, y los altos oficiales abusan de su autoridad. Pero entre vosotros no debe ser así. Al contrario, el que quiera hacerse grande entre vosotros deberá ser vuestro servidor» (Mateo 20:25-26).

Aunque este capítulo trata principalmente sobre cómo pueden servir los ejecutivos a su organización, sus lecciones se aplican a cualquier persona, sea cual sea la posición que ocupe. Pensemos, por ejemplo, en el departamento de mantenimiento de una empresa, cuya responsabilidad es mantener los equipos y maquinarias funcionando debidamente. He estado en empresas donde algunos operarios con elevadas cualificaciones para el mantenimiento construyen sus pequeños reinos, con el propósito de controlar y ser imprescindibles. Sin embargo, un operario de mantenimiento con una mentalidad de servicio buscará formas de ayudar a los demás para que sean eficientes en sus responsabilidades. Abordan los problemas con prontitud y entusiasmo. Toman medidas preventivas para evitar averías. Tienen una actitud formativa hacia otras personas que se evidencia en su desarrollo.

También los supervisores pueden servir. He descubierto que los supervisores más eficientes son aquellos que tienen la visión de preparar, estimular y animar a sus trabajadores, no los muy estereotipados «líderes autoritarios» de antiguos modelos.

Estoy seguro que, ejemplificando una sincera actitud de servicio desde su posición de liderazgo, John Aden ayudó a otras personas a encontrar formas de servir a sus colegas por toda la empresa.

Avances y cambios en Mac Tools

El primer acto de servicio de John fue hacer todo lo posible para que Mac Tools pudiera sobrevivir, y lo consiguió. Después de cuatro años en sentido contrario, los indicadores económicos de la empresa eran ahora alentadores. Aunque el total de ventas había disminuido en un 30% en un periodo de tres años por el cierre de una división improductiva, la buena noticia era que los gastos administrativos y de ventas se habían reducido en un 70%, y la empresa había pasado a un balance positivo. Cuando Mac Tools comenzó a generar más dinero del que gastaba, el problema de la liquidez negativa se resolvió. Con una base de capital más baja, los niveles de rendimiento del capital invertido comenzaron a ser positivas y excedieron, con el tiempo, el coste del capital. ¡Muy buenas noticias!

Muchas veces se critica a las empresas por acometer radicales reestructuraciones que reducen cientos o miles de puestos de trabajo. Muchas veces tales críticas son justificadas. Siempre me siento muy incómodo cuando oigo en un tono arrogante expresiones como: «Hemos de reducir la mano de obra en un 15%», como si las personas fueran un artículo, un mero excedente de inventario. Sin embargo, en el caso de Mac Tools, este tipo de reestructuración era algo esencial. El resultado fue que la empresa consiguió sobrevivir para poder «seguir luchando». Fue como cuando una persona sufre una seria enfermedad y debe someterse a una intervención quirúrgica radical para tener alguna esperanza de mejora. Una vez fuera del quirófano, el objetivo de Mac Tools dejó de ser la mera supervivencia para centrarse en ser de nuevo una gran empresa.

Aden no evaluó la mejoría de la empresa en términos meramente económicos, sino mediante criterios mucho más amplios e importantes. ¡Las decisiones que tomaron cambiaron vidas! «El indicador más claro apareció al estar con la gente, en la autenticidad de las relaciones personales y en el sentimiento de que formábamos parte de sus corazones. Vi que, entregándonos al servicio de las personas, propiciamos que sucedieran cosas muy positivas». Los resultados de una encuesta realizada entre los empleados de todas las divisiones de la compañía, confirmaron un asombroso cambio. Los datos relativos a satisfacción laboral, ambiente de trabajo, estado de ánimo etcétera, situaron a los trabajadores de Mac Tools en la zona superior de todas las divisiones de Stanley Works; algo muy sorprendente teniendo en cuenta los cambios tan drásticos que se habían llevado a cabo.

Claves para cambiar una empresa

Aunque el cambio radical que experimentó Mac Tools requirió miles de medidas, hubo tres pasos que fueron decisivos en el camino de esta empresa hacia el futuro. El primero fue unificar al equipo directivo en una visión común. John tomó la iniciativa: «Sentía que estábamos al borde de algo grande, porque había aprendido tiempo atrás que de las grandes crisis surgen grandes avances».

Para que se produjera este gran avance, John puso a los directivos de la empresa en un proceso que requería tomar una de tres posibles direcciones: desarrollar estrechos vínculos con los clientes, centrarse en la excelencia del producto o establecer una excelencia operativa. (Michael Treacy y Fred Wiersema desarrollan en detalle estas «disciplinas de valores» en su libro sobre estrategia comercial, *The Discipline of Market Leaders*).

Finalmente, el equipo directivo acordó que su objetivo principal iba a ser el desarrollo de un estrecho vínculo con sus clientes, es decir, la constante oferta de soluciones superiores por lo que respecta a su producto, servicios o apoyo. En esencia, lo que realmente estaba haciendo Mac Tools era definir su propósito (la prioridad de la que hemos hablado en el capítulo ocho). Si lo conseguían, este nuevo enfoque produciría «clientes para toda la vida», una cuestión que se difundió amplia y públicamente por toda la empresa y fuera de ella. «Entre nuestros dirigentes se suscitó un gran entusiasmo por hacer realidad esta visión». Con un objetivo bien definido, comenzaron a desarrollar determinadas iniciativas, cosas que podían llevarse a cabo entre bastidores para consolidar la trayectoria que estaban iniciando.

El segundo paso surgió de una necesidad que se puso de relieve tras esta primera medida. En sus reuniones se hacía evidente que algunos dirigentes clave se preocupaban más por «tener razón», que por analizar detenidamente lo que era mejor para la empresa, una mentalidad que generaba un innecesario conflicto entre ellos. Por consiguiente, el equipo directivo decidió establecer una serie de directrices de conducta que definirían lo que era aceptable e inaceptable durante las reuniones y otros encuentros. De estas directrices, surgieron expectativas que aplicaron por toda la compañía en forma de seis valores operativos:

> Todos somos cien por cien responsables.
> Hemos de tratar a los demás con respeto.
> Apreciamos las aportaciones de los demás.
> Somos un equipo y funcionamos como tal.
> Funcionamos con una integridad incuestionable.
> Fomentamos una atmósfera de aprendizaje continuo.

Desde el principio, se esperaba que los dirigentes confrontaran aquellas conductas que fueran inconsistentes con los valores de la empresa. Aden les dijo: «Vuestro compromiso con estos valores será puesto a prueba». ¡Y vaya si lo fue! Al poco tiempo, dos de sus directos colaboradores hubieron de ser sustituidos. Tener unos valores claros para las interacciones llevó a una «poda» entre los dirigentes que dejó un equipo de personas completamente comprometidas con tales valores.

Las dos primeras formas en que John Aden sirvió a su empresa —ayudándola a clarificar su visión y estableciendo unos claros valores operativos— produjo una innegable mejoría. El tercer paso fue más sutil, pero igualmente crucial, y consistió en comunicar, de forma profunda y extensa, los principios que eran más importantes para la empresa, en especial su visión y valores. Es interesante que John se diera cuenta de que su efectividad dependería de quién era él como persona, y en medio de aquella transformación de la empresa, se estaba forjando un «nuevo» John Aden.

Vidas cambiadas

John era cada vez más consciente de que su creciente fe en Cristo se cruzaba con su trabajo y concretamente la forma en que Jesús podía guiarle en su papel de liderazgo. «Observar el modo en que Jesús entendía el liderazgo suscitó algunos cambios radicales en mí —me dijo John—. Por ejemplo, él lideraba mientras andaba de acá para allá, contaba relatos y estaba con las personas.

La expresión "estaba con las personas" significa que Jesús se mantenía a una corta distancia física de las personas. No se limitaba a "tolerarlas", aparentando escucharlas. Estaba verdaderamente con ellas».

Para John, esto supuso un enorme cambio. «En mis otros trabajos había ascendido con mucha rapidez. A los 30 años, dirigía una división de Frito-Lay que vendía 400 millones de dólares y tenía 2.000 trabajadores. Pensaba que ya lo sabía todo. Pero con lo que he aprendido en este proceso, incluso las cosas que hice en Mac Tools durante los dos primeros años las habría hecho con una motivación distinta —y añadió—: ¡Aquí estoy, pues, después de estos dos años, y Dios está cambiando mi vida!». De esto dieron testimonio más de 2.500 clientes de Mac Tools en un reciente acto público de la empresa.

Una reunión empresarial distinta

John dice: «Normalmente, habríamos empezado nuestra reunión anual con un gran "hurra". Habríamos preparado un vídeo impresionante y yo habría entrado al escenario montado en una Harley. ¡Yo era el centro de todo! Pero en esta ocasión me senté entre los asistentes con un micrófono, sin subir al escenario. Dije: "Lo que tengo que deciros hoy es tan importante que no puedo permitir que esta reunión gire alrededor de mí, la Harley y este tipo de cosas. ¡Tenemos que hablar de vosotros!". A continuación, presentamos un vídeo que expresaba nuestro reconocimiento y gratitud a los cónyuges de los trabajadores de Mac Tools. Nunca habíamos hecho algo así».

Pero John quería decir algo más, de modo que, hacia el final de la reunión subió al escenario. Era consciente de que, entre los asistentes, había un grupo recalcitrante que veía con cinismo lo que estaba a punto de hacer, pero eso no le desanimó. No eran esas las personas a las que quería alcanzar. «Señalando un montón de sacos de cáñamo, comenté que aquellos sacos representaban las "historias" de nuestras vidas. Cosas que hacen de nosotros quienes somos. Por ejemplo, en el patio de la escuela aprendimos que no debemos llorar. Más adelante escuchamos a nuestro tío decir, malhumorado, que odiaba su trabajo, y aquello se convirtió en nuestra idea del trabajo».

En este punto, reinaba un profundo silencio en la sala. John siguió diciendo: «Estas historias pueden ser positivas o negativas, pero lo cierto es que determinan quienes somos. Y aquí está el problema. Las historias negativas pueden ser un lastre que nos impide entender todo nuestro potencial». En este punto, John habló de cosas muy personales. «Tomé algunos de los sacos y me los fui echando al hombro. Aquí hay uno que dice: "soy un buen tipo: cuando llegué a Mac Tool, esta era mi actitud". Aquí hay otro. Son cosas que les oí decir a grandes líderes, como que "cuando eres el jefe, siempre tienes que tener la razón; no permitas jamás que tus trabajadores vean que te has equivocado". Por aquí hay otro que dice que "no puedes tener amigos en el trabajo". Y otro afirma que "los valores que tengo en mi familia y la persona que soy realmente no pueden venir al lugar de trabajo". Tengo incluso historias en mi vida que dicen: "Voy a trabajar cada día para que vosotros me sirváis"».

Dicho esto, John arrojó todos los sacos al suelo, los amontonó y dijo: «Quiero dejar atrás todo esto. Quiero tener muy presentes estas historias, pero estoy decidido a despojarlas de su poder sobre mí. No quiero ser alguien que no es capaz de desarrollar relaciones personales auténticas en el trabajo. No quiero ser alguien que no puede venir al trabajo cada día con sus valores personales. No quiero ir a trabajar nunca más diciendo: "Estáis aquí para servirme a mí". Quiero, de verdad, aprender a serviros. Me he comprometido a ser un tipo distinto de líder. Voy a vivir mi vida práctica delante de todos».

John me dijo que aquellos comentarios, hicieron que «algo cambiara en esta empresa para siempre». Después de la reunión, algunas personas se le acercaron con lágrimas en los ojos y le dijeron cosas del tipo: «He estado cargando el peso de algunas cosas durante décadas. Pero hoy sé que puedo dejarlas atrás».

El punto de partida es el líder

Cuando comencé a entrevistar a John Aden para este capítulo de *¡Disfrutando los lunes!*, no tenía idea de hasta qué punto me dejaría entrar en su corazón como líder. Me sentí muy impresionado por la profunda transformación que se está produciendo en su vida y por la forma en que dirige su empresa. Aunque, como se ha observado antes, John no está muy de acuerdo con el término «líder-siervo», él mismo es, qué duda cabe, un líder que sirve al Señor y a su empresa de formas innovadoras y significativas. Sus últimas reflexiones, que consigno a continuación, pueden ser un modelo para aquellos que desean dirigir e influir positivamente en otras personas, en especial lo que dice sobre la importancia de la transparencia personal.

Una de las lecciones más valiosas que estoy aprendiendo es lo importante que es la transparencia. La vida no es perfecta. Cuando voy al trabajo dando la sensación a los demás de que todo es perfecto, lo que realmente hago es confundir a las personas de mi alrededor que se van cada día a casa diciendo: «Ojalá tuviera lo que tiene Aden, porque en este momento mi vida es un desastre». La verdad es que todos tenemos luchas. Como líderes, tenemos la obligación de compartir algunos de nuestros peores momentos, y para mí, esto es ser franco sobre la clase de dirigente que fui. Aquí es donde se produce un verdadero aprendizaje. Servimos permitiéndonos ser «personas imperfectas» y aceptando esta imperfección. Ahora me doy cuenta de que ser transparente es tremendamente liberador, especialmente porque elimina la distancia entre quien soy en casa y en el entorno laboral.

La religión en el entorno laboral

John está estudiando, con una gran determinación, la confluencia de sus creencias como cristiano y la atmósfera «secular» del mundo laboral. «Las personas vivimos creyendo toda clase de mentiras, como, por ejemplo, la de que no es lícito llevar la espiritualidad al ámbito laboral. Con el tiempo, he entendido que no es un problema religioso, sino de comunicación. Puedo salir con mi Harley o ir al gimnasio con compañeros de trabajo, pero si se me ocurre orar con ellos, algunos dirán que me he pasado de la raya y se convierte en un escándalo. Sin embargo, puesto que quiero "vivir mi vida en voz alta" en todas las áreas, me tomo más libertad cuando se trata del aspecto espiritual de mi vida».

Algunas de las respuestas independientes que ha recibido John son reconfortantes. «Algunos asesores que me habían dicho: "si llevas tu fe al trabajo, te despedirán", ahora me dicen: "has hecho tu vida tan transparente, que esto ya no es un problema". Así que se ha formado un grupo de compañeros de la empresa que se reúne después de la jornada, dos veces al mes. Yo también asisto y lo que hacemos, seamos los que seamos, es, sencillamente, ¡orar!».

El corazón de un líder

John Aden fue transparente conmigo igual que lo es en su empresa. «Quiero decir que Dios está realmente obrando en mi interior, en mi corazón. Durante los últimos dos años, le he estado pidiendo a Dios que me ayude a amar a las personas de una forma real. Esto supone un profundo cambio en relación con la persona que era. Supone imaginar a las personas experimentando la vida y el propósito de un modo que trasciende a cualquier cosa que jamás hubiera podido soñar para ellos. Como dirigente, quiero ser una persona que realmente ama y se preocupa por mis trabajadores. Esto significa abandonar todo orgullo, para animar y servir a las personas que me rodean».

Le pregunté a John si encontraba que el concepto de servicio estaba en conflicto con otros objetivos empresariales. «Es una pregunta desafiante», me dijo.

En ocasiones puede parecer que nuestro concepto de servicio está en conflicto con otras metas, como cumplir con nuestros objetivos económicos. A veces, me siento emocionalmente lleno, viendo las grandes cosas que Dios hace con las personas, pero económicamente las cosas no van tan bien. El orgullo interviene muchas veces, especialmente cuando nuestro equipo se concentra solo en alcanzar las cifras de nuestros objetivos. Es un asunto de egos y salarios. Pero yo prefiero centrarme en nuestra misión, no en detrimento de nuestros objetivos económicos, sino reconociendo que éstos son solo una parte del todo. Tengo la convicción de que las inversiones que estamos haciendo en las personas producirán grandes dividendos algún día.

Lo hacemos porque es nuestro deber, no porque acabará repercutiendo en nuestro beneficio.

Los números son solo una forma de evaluar cuál es realmente nuestra meta en la vida. Lo más importante son las personas. Queremos crear una vida profesional significativa para los nuestros —no solo un medio de vida— y comunicarles, de este modo, nuestra verdadera preocupación por ellos. Las personas tienen un intenso deseo de conseguir metas y ser respetados, pero muchas veces piensan que las metas son para el trabajo y la trascendencia para el hogar. Estoy intentando crear una cultura en la que las líneas de los logros y la trascendencia no sean paralelas, sino que se crucen.

John concluyó la entrevista asumiendo la responsabilidad del proceso, no desviándola hacia otras personas:

Entiendo que he de tomar la iniciativa y ponerme delante. Las cosas que estoy diciendo sobre valores colectivos o conducta ética, no es algo que pueda delegar, sin más, al departamento de recursos humanos. No puedo decirles: «¡Venga, organizad un programa de valores y lo pondremos en marcha en la empresa!». No estamos hablando de un programa o un proceso técnico, sino de un cambio de corazón de los líderes. Y estos cambios de corazón requieren mucho trabajo. Comienzan conmigo, y exigen que viva lo que creo de forma consecuente. Este corazón de servicio y estos valores no pueden estar ausentes en todo un nivel de la organización. Estas cosas han de ser consistentes de arriba a abajo. Cuando los valores de un líder no son coherentes con su vida, toda la organización lo siente. Sus motivos han de ser correctos".

Aunque John no lo dijo específicamente, está claro que la persistencia ha sido un factor esencial en su servicio a Mac Tools. Llevar a la empresa a su actual etapa de transformación ha sido un proceso duro y se ha llevado a cabo bajo mucha presión. Pero John ha mirado las cosas a largo plazo, algo muy característico de los grandes líderes. Sus atrevidas medidas de emergencia han sido ingredientes esenciales de un extenso plan. Y el eje de sus fructíferos esfuerzos ha sido su sincero y entusiasta compromiso a servir.

Los negocios: una plantilla para el servicio

En 1990, Lawrence M. Miller escribió un libro titulado *Barbarians to Bureaucrats: Corporate Life Cycle Strategies* (De bárbaros a burócratas: estrategias para el ciclo de la vida empresarial). Miller afirmaba en esta obra que los negocios se desarrollan de un modo similar, con inicios un tanto audaces y avanzando por una rápida fase de crecimiento. A continuación, generalmente se estabilizan en el punto central de una curva campaniforme. En este punto del ciclo de crecimiento, los negocios pueden desarrollar dos importantes tipos de errores: convertirse en organizaciones burocráticas o enfocarse hacia dentro de la propia empresa. Si quiere evitarse la curva en descenso (a veces hasta la bancarrota), por la segunda mitad de la campana se hacen necesarias dos contramedidas: acabar con la burocracia y centrarse apasionadamente hacia afuera, sirviendo a los clientes.

Concentrarse en aquellos que compran nuestros productos o servicios es una importante prescripción para la salud de la organización. Esto fue algo esencial para Mac Tools, que reconfiguró toda su organización en torno al propósito de ganar «clientes para toda la vida», promovida por la comprensión de John Aden de que habían perdido contacto con sus clientes.

La receta para la recuperación de una crisis puede aplicarse igualmente antes de su llegada. Toda empresa que pretenda tener éxito debe tener un empuje dinámico y amplio para servir a sus clientes con excelencia. Los siguientes puntos son extractos del lenguaje que usamos en nuestra empresa. Prometemos

- estar cerca de nuestros clientes en todos los niveles e incluirles en actividades que nos conduzcan a encontrar soluciones óptimas.
- hacer que sea muy fácil trabajar con nosotros.
- ser fanáticos en cuanto a escuchar, mostrar interés, y cumplir nuestros compromisos, al tiempo que evitamos cualquier clase de arrogancia o indiferencia.

Cuando esta perspectiva se hace normativa en una empresa, los trabajadores se convierten en personas que quieren servir y que, en última instancia, ponen la mira en el cliente. El cliente deviene la locomotora que tira del resto del tren, haciendo que todos los vagones se muevan en una misma dirección. Las personas aprenden a servirse mutuamente en el ámbito interno, porque esta es la única forma de apoyar la misión externa. Dicho de otra manera, un objetivo externo produce una organización orientada hacia el servicio en todos sus niveles.

Recientemente, nuestra empresa, se situó en la posición de recibir este tipo de servicio al contratar un nuevo proveedor. Habíamos adquirido el firme compromiso de incluir un elemento de plástico moldeado con el pedido de uno de nuestros mayores clientes, como parte del lanzamiento de su nuevo producto. La empresa que iba a suministrarnos este elemento había recibido un tipo de material plástico con el que no podía trabajar, pero nosotros no nos enteramos de su dilema hasta el viernes. Teníamos que mandar el envío a nuestro cliente a principios de la semana siguiente. Aquel fin de semana, varios de nuestros empleados no pudieron dormir bien. ¿Conseguiría nuestro proveedor resolver el problema y evitarnos el rapapolvo que nos daría nuestro cliente si no le suministrábamos aquel elemento? ¡Pues sí!, resolvieron el problema, haciendo que los operarios doblaran los turnos durante el fin de semana. ¡Está clarísimo! ¡Aquel proveedor se ha ganado directamente un lugar en la lista de empresas con las que vamos a trabajar la próxima vez!

Las empresas pueden llegar a ser un poderoso motor para el servicio, internamente y a los clientes. Así es exactamente cómo Mac Tools ha reconfigurado su cultura empresarial. Este cambio se inició con John Aden como presidente, pero ahora se ha extendido por toda la organización. En nuestra empresa, nosotros también explicitamos el papel de los dirigentes en este proceso:

> Una de las principales funciones de los encargados es servir a sus subordinados: establecer metas claras, estimular la iniciativa, reforzar positivamente lo bueno, quitar obstáculos, adquirir recursos necesarios (también ayuda de otras personas), y evaluar y reconocer los progresos.

¿Cómo se aplica esto en el lugar donde trabajas? ¿Es tu objetivo vivir el servicio como una prioridad? ¿Está tu trabajo dirigido hacia el cliente? ¿Pero, qué de servir a los «clientes» internos, es decir, a tus compañeros de trabajo? Mi conclusión —y John Aden es un ejemplo estupendo de ello— es que un seguidor de Cristo que se entrega de corazón al servicio puede ser una tremenda influencia en su organización y un catalizador para su salud organizativa. Siendo el siervo por antonomasia, Jesús es el modelo a seguir. Y él tiene el profundo deseo de implantar su corazón y espíritu de servicio en cada uno de nosotros.

* * *

Al acercarnos al final de *¡Disfrutando los lunes!*, ¿por qué no te tomas un momento para pensar en los cinco temas de esta sección: propósito, valores, personas, administración y servicio. He descubierto que estos se arraigan de manera más honda en mi mente y corazón cuando los pongo juntos en esta oración:

> *Señor, te pido claridad de propósito en mi vida y trabajo. Ayúdame a estar siempre arraigado en los valores esenciales permanentes, para ver a las personas como tú las ves y a valorarlas profundamente. Ayúdame a considerar todo lo que tengo como cosas tuyas, que tú me prestas para que las administre sabiamente, y a servirte a ti y a los demás con todo el corazón.*

Epílogo

Estoy convencido de que una de las próximas grandes jugadas que Dios va a hacer la llevará a cabo por medio de los creyentes en el ámbito laboral.
Billy Graham

Para que se conozcan en la tierra sus caminos, y entre todas las naciones su salvación.
Salmo 67:2

Iniciamos nuestro recorrido en el prefacio de este libro con la idea de que el lunes —este primer día de la semana laboral tan denigrado— podía disfrutarse. Al concluir nuestro viaje, estoy seguro de que te has dado cuenta de que es realmente el Dios que disfruta de su creación el que nos capacita para disfrutar de nuestro trabajo, a «disfrutar de los lunes».

En este recorrido, hemos considerado a algunos modelos bíblicos como Noé, Moisés, David y Daniel, así como líderes empresariales de nuestro tiempo, personas como David Pugh, Archie Dunham, Anne Beiler y John Aden. Estos ejemplos son inspiradores compañeros de viaje, que nos animan a confiar en el hecho de que Dios tiene su mano puesta sobre creyentes normales. No son personas tan distintas de ti y de mí. De manera callada pero firme, estas personas están llevando una perspectiva del reino a círculos de influencia, estratégicamente importantes para los grandiosos propósitos de Dios. ¡Ojalá que más personas con su carácter y eficiencia ocuparan posiciones ejecutivas por todo el mundo! Lamentablemente, no es así.

Escándalos y siervos

Recientemente, un alto ejecutivo de una de las compañías más importantes del mundo fue citado para dar cuenta de cómo había usado su cuenta de gastos de representación. Presuntamente, habría gastado injustificadamente entre 100.000 y 500.000 dólares. Aunque no se trata de una cantidad pequeña, es sorprendente que haya llevado a cabo este tipo de prácticas si tenemos en cuenta que tiene un salario anual de 6 millones de dólares. Uno de sus antiguos colaboradores me expresó su total estupefacción. «Es una locura —me dijo—. Trabajé estrechamente con él durante más de dos décadas y pensaba que le conocía. No tengo la más ligera idea de qué le ha podido haber llevado a hacer esto». Tristemente, este no es más que uno de los muchos escándalos, en pocos años, que han protagonizado importantes dirigentes empresariales, varios de los cuales esperan sentencia o están ya en la cárcel. Conjuntamente, estos excesos han supuesto el peor descrédito que las empresas estadounidenses hayan sufrido nunca.

Pero, en la actualidad, se está también escribiendo otra historia: el efecto transformador que están teniendo cada vez más los siervos de Dios en el ámbito empresarial. Recientemente, pasé un día en el CEO Forum, uno de los grupos que han surgido, que tiene unos 150 miembros. Todos ellos dirigen grandes empresas, entre ellas varias que aparecen en la lista *Fortune 500*. Sorprendentemente, sumando todo el personal de estas empresas tenemos una cifra de más de cinco millones de personas. Estos hombres y mujeres no están interesados en gestionar sus empresas «como siempre se ha hecho». Su meta es permitir que el Señor obre poderosamente en sus vidas, creciendo para convertirse en estadistas espirituales. Su trabajo en las empresas que dirigen es silencioso, pero muy efectivo. Y ninguno de ellos aparece en los titulares de los periódicos por actividades delictivas en el ámbito laboral.

El CEO Forum es solo una de varias organizaciones excepcionales a nivel mundial, cuyos miembros se esfuerzan en el avance del reino de Dios en el ámbito laboral. He conocido de cerca a otros grupos, entre ellos el Christian Businessman's Committee (Comité de Hombres de Negocios Cristianos, CBMC por sus siglas en inglés), que cuenta con unos 18.000 miembros en los Estados Unidos; Full Gospel Business Men's Fellowship International (Fraternidad Internacional de Hombres de Negocios del Evangelio completo, FGBMFI), que trabaja en más de 130 países; Fellowship of Companies for Christ (Comunión de Empresas para Cristo, FCCI) y la International Christian Chamber of Commerce (Cámara de Comercio cristiana Internacional, ICCC). Me han impresionado profundamente mis encuentros con ministerios empresariales locales y regionales, de Boston a San José, y de Calgary a Houston.

Un movimiento mundial

Puedo dar fe personalmente de las vastas dimensiones de este movimiento que ha llegado a lugares como Hungría, Israel, la antigua Unión Soviética y Ecuador. De hecho, hay un creciente impulso por todo el mundo para que los creyentes vivan vidas piadosas y lleven a su trabajo sus elevadas normas personales. Recientemente, he podido participar en introducciones inaugurales del movimiento fe/trabajo en el país norteafricano de Marruecos y en China. Incluso en estos países que están «cerrados» al Evangelio, me ha sido posible introducir una perspectiva de fe en el ámbito laboral.

En su libro *Faith@Work*, Os Hillman confirma que se está produciendo un rápido crecimiento en el movimiento de trabajo y fe:

En los últimos doce años tenemos un nuevo paradigma con el desarrollo de un ministerio en el ámbito laboral. Hace doce años, solo podían identificarse formalmente 25 ministerios dirigidos al ámbito laboral. Hoy, tenemos 1.200 organizaciones que intentan integrar fe y trabajo. Entre ellas, hay ministerios sin ánimo de lucro, instituciones educativas, organizaciones comerciales e iglesias que comparten el mismo interés por conciliar fe y trabajo. Este increíble índice de crecimiento es la razón por la que muchos estamos diciendo que Dios se está moviendo de un modo singular en esta área que tiene el potencial de cambiar el paisaje espiritual de la iglesia local, las ciudades y las naciones.

Mientras tanto, algunas importantes publicaciones como *Fortune Magazine, Business Week, Industry Week, The New York Times, The Wall Street Journal* y otras muchas han tomado nota del fenómeno y han publicado importantes artículos de fondo y reportajes. Prácticamente todos los canales importantes de televisión han emitido reportajes especiales sobre este movimiento.

Los acontecimientos del 11 de septiembre de 2001, en Nueva York, Washington, D.C., y la zona rural de Pensylvania occidental añadieron más ímpetu a esta corriente, dando ánimo a los ejecutivos empresariales para hacerse más visibles en la proclamación de sus convicciones más profundas. Aquel aciago día, por ejemplo, Steve Reinemund, presidente de PepsiCo, dio la oportunidad a sus empleados para que se unieran en oración en el centro de operaciones de la empresa, en las afueras de Nueva York. Sorprendentemente, la casi totalidad de los mil doscientos empleados respondieron positivamente. Matt Rose, presidente de Burlington Northern Santa Fe Railroad, tuvo una parecida experiencia en el centro de operaciones de BNSF en Fort Worth, Texas.

Administrando los objetivos de Dios en el ámbito laboral

Se mire como se mire, hay un enorme empuje para la convergencia de la fe y el trabajo. Los pequeños arroyos que hace solo una década discurrían por el paisaje empresarial se han convertido hoy en caudalosos ríos. El reino de Dios está irrumpiendo en el ámbito comercial y empresarial de formas auténticas y sin precedentes.

La historia de los movimientos espirituales nos recuerda que no debemos minimizar la importancia de este movimiento de Dios. Aunque puede que no entendamos todas las razones de este interés divino en el ámbito laboral, es vital que reconozcamos su actividad y que respondamos a las oportunidades que se nos presentan. ¿Cuántas veces, en otras oleadas de actividad divina, la negligencia ha ahogado su impacto espiritual y poder transformador?

Las palabras del general Douglas MacArthur, aunque pronunciadas en un contexto de guerra, representan una advertencia muy apropiada para nuestro reto en el mundo de la empresa y el comercio:

La historia de los fracasos en la guerra puede resumirse en dos palabras: *muy tarde*. Muy tarde para comprender el peligro, muy tarde para prepararse, muy tarde para unir todas las fuerzas posibles para resistir, muy tarde para estar firmes junto a nuestros amigos.

Es sin duda urgente aprovechar este momento, no llegar tarde, abrazar la trascendente actividad de Dios en el ámbito laboral y unirnos a él en lo que está iniciando y llevando a cabo.

Llamados, comisionados, enviados

Las palabras de Jesús al final de su tiempo en la Tierra han de borrar cualquier duda de nuestra mente. No hay duda de que quiere que todos participemos en su comisión, yendo por «todo el mundo», comprometidos con un estilo de alto riesgo y elevada recompensa para extender su reino en la tierra. Jesús no nos llama y comisiona a retirarnos a algún puerto seguro, sino a impregnar y transformar todas las esferas a las que nos envía, no vestidos con nuestra propia fuerza, sino con la suya. «No te pido que los quites del mundo, sino que los protejas del maligno» (Juan 17:15). Nuestra misión es análoga a la suya: «Como tú [Padre] me enviaste al mundo, yo los envío también al mundo» (Juan 17:18).

Esta agresiva postura no encaja con la de muchas personas que están en nuestras iglesias, que están convencidos de que la única forma de evitar ser del mundo es evitar estar en él. Naturalmente, los riesgos de que, aventurándonos en el mundo, seamos engañados por él son muchos y reales. Pero esta idea ha hecho que demasiados creyentes hayan quedado desvinculados, numerosos segmentos de la sociedad abandonados y que el mal haya avanzado sin control.

Billy Graham reflexiona sobre el permanente desafío de estar activos en el mundo sin ser arrollados y neutralizados por su influencia. Comparando nuestro papel en el mundo con el de la Corriente del Golfo de Méjico en el océano, Graham observa:

> La Corriente del Golfo está en el océano, y sin embargo no forma parte de él. Los creyentes están en el mundo, pero no deben dejarse absorber por él. La Corriente del Golfo mantiene sus cálidas temperaturas incluso en las heladas aguas del Atlántico Norte. Para que los cristianos puedan cumplir sus propósitos en el mundo, no pueden dejarse enfriar por la indiferente y profana sociedad en la que viven. (*Decision Magazine*, febrero de 2005).

¿Sabías que en algunas islas de la costa occidental de Escocia crecen palmeras? Sin embargo, Siberia, que soporta algunos de los inviernos más duros del mundo, se encuentra en una latitud similar, solo que más al este. La diferencia está en la Corriente del Golfo. ¿No te entusiasma, como a mí, saber que hemos sido llamados, comisionados y enviados a un mundo perdido, lleno de oscuridad y hostil hacia los creyentes?

¿No te reta a no dejarte absorber, a retener una identidad distinta y transformadora? ¿Has sido acaso destinado a ser una cálida y acogedora Corriente del Golfo en el frío Atlántico?

Como antes he citado:

> Dios está preparando constantemente a sus héroes, y cuando llega el momento oportuno, les ubica en su posición en un instante. Lo hace con tanta rapidez, que el mundo se pregunta de dónde han salido.

¡Te animo a ser uno de estos héroes de Dios, un líder espiritual que ha aprendido a disfrutar los lunes.

Mi deseo es que puedas arder con la pasión de dejar tu huella en este mundo, de difundir la resplandeciente luz de Cristo. Allí dónde estás. En tu trabajo. ¡Cada lunes por la mañana!

Sobre el autor

John D. Beckett nació y creció en Elyria, Ohio, y es el mayor de tres hermanos. Después de asistir a las escuelas públicas de Elyria, se graduó por el MIT en 1960 con una licenciatura en economía e ingeniería mecánica. Tras su graduación, trabajó como ingeniero en la industria aeroespacial.

En 1963 se unió a la pequeña empresa familiar, de la que, en 1965, asumió la presidencia a la muerte de su padre. Hoy sigue siendo presidente de la empresa y ha contribuido a situarla en el liderazgo mundial de la fabricación y venta de elementos creados para la calefacción doméstica y comercial. Con sus empresas afiliadas, la compañía vende por valor de más de 100 millones de dólares, y tiene más de 600 empleados.

El Sr. Beckett ha estado activo desde hace mucho tiempo en actividades relacionadas tanto con la Iglesia como con la sociedad. En 1973, ayudó en la fundación de Intercessors For America (Intercesores por Estados Unidos), una organización nacional de oración, y sigue sirviendo en ella como presidente del consejo. Es miembro del consejo fundador del King's College en la ciudad de Nueva York, uno de los directores de Graphic Packaging Corporation, una empresa de fabricación que cotiza en Wall Street, y forma parte del Consejo de Campus Crusade for Christ, International.

Su primer libro, *Loving Monday: Succeeding in Business Without Selling Your Soul* (¡Por fin lunes! Integrando trabajo y fe), lo publicó en 1998 InterVarsity Press. Se trata de un relato donde el Sr. Beckett nos cuenta cómo se ha esforzado por integrar prácticamente su vida laboral y su fe. Hoy está disponible en doce ediciones internacionales. En 1999, la Christian Broadcasting Network le nombró «Empresario cristiano del año». En el año 2002, el Sr. Beckett recibió el título honorario de Doctor en Derecho que otorga la Spring Arbor University, y en 2003 fue nombrado «Empresario del año» por Ernst & Young.

Beckett reside en Elyria, Ohio, con su esposa, Wendy, con quien se casó en 1961. Tienen seis hijos y once nietos.

www.masteringmonday.com
www.lovingmonday.com
www.beckettcorp.com
www.lifesgreatestquestion.com